Leben und Werk der Markgräfin Franziska Sibylla Augusta

I   Markgräfin Franziska Sibylla. Um 1710. – Kat. Nr. 60

Leben und Werk
der Markgräfin
Franziska Sibylla Augusta

Eine Ausstellung der Stadt Rastatt
anläßlich des 250. Todestages
der badischen Markgräfin
im Heimatmuseum und in der Pagodenburg
vom 10. – 25. September 1983

Öffnungszeiten: täglich von 9–18 Uhr

Konzeption der Ausstellung und Katalog: Saskia Esser

Organisatorische Betreuung: Adolf Lang, Dieter Kleisinger, Wolfgang Reiß

Gestaltung und Aufbau: Saskia Esser, Wolfgang Reiß, Paul Schmidt, unter Mitarbeit des Bauhofes der Stadt Rastatt

Umschlaggestaltung und Plakate, Architekturfotos des Übersichtspultes in Abt. 4: Edgar Fries

ISBN 3–923082–01–0
Druck: Greiserdruck Rastatt

II *Fassadenriß des Rastatter Rathauses. Um 1720. – Kat. Nr. 50*

Zum Geleit

»Die preißwürdige allzeit glücklich geführte Regierung der nunmehr in Gott ruhenden Frau Markgraevin« sei der Welt wohlbekannt, bemerkt rühmend ihr Beichtvater.

Zwanzig Jahre lang lenkte Markgräfin Franziska Sibylla Augusta als Regentin mit kluger Politik die Geschicke der baden-badischen Markgrafschaft, setzte tatkräftig und planvoll die von Markgraf Ludwig Wilhelm, dem »Türkenlouis«, begonnenen Aufbauarbeiten an dem durch Kriegswirren verheerten Grenzland fort. Sie sicherte und mehrte durch gewissenhafte und sparsame Verwaltung Einkünfte und Wohlstand, zog erprobte Künstler und Handwerker in das geschwächte Land, sorgte für Wohlergehen, Ausbildung und Bildung seiner Bewohner.

Die Residenzstadt Rastatt genoß als Regierungssitz und fürstliche Wohnstätte in hervorragendem Maße Markgräfin Franziska Sibylla Augustas Wohlwollen, Aufmerksamkeit und Förderung. Rastatt und seine Einwohner waren sich daher immer wohlbewußt, was sie ihrer bemerkenswerten und vorbildlichen Landesherrin verdanken, zumal da Rastatts Barockbauten und vorab die Schloßkirche, die sich die Markgräfin zu ihrer letzten Ruhestätte erwählte, ständig sichtbar an sie erinnern.

Der Markgräfin Beichtvater tat damals ein Weiteres: Er fügte dem altbekannten Bild der Regentin abrundend persönlichste Erfahrungen an, »damit auch der Nachwelt bekannt werden die großen Tugend-Werk«. Die Stadt Rastatt hat jetzt das 250. Todesjahr der Markgräfin Franziska Sibylla Augusta zum Anlaß genommen, ihr Leben und Werk durch eine Ausstellung zu dokumentieren, Bekanntes bewußter zu machen, Vergessenes wieder ins Licht zu rücken.

Eingeflochten in das eigene historische Bewußtsein pflegt unsere Stadt darüber hinaus das Gedächtnis der Geschichte, Kultur und Tradition der böhmischen Heimat der Markgräfin – Schlackenwerth. Mit der historisch begründeten Patenschaft, die die Stadt Rastatt mit den Vertriebenen der ehemaligen Stadt Schlackenwerth in Böhmen im Jahre 1966 eingegangen ist, hat sie sich dieser Aufgabe verpflichtet und erfährt lebhaften Anstoß und rege Mitarbeit durch die Arbeitsgemeinschaft Stadt Schlackenwerth e.V. So hinterläßt die böhmische Prinzessin und spätere Markgräfin von Baden nicht nur sichtbare Zeichen ihres segensreichen Wirkens in den böhmischen und badischen Landstrichen, sie wirkt in der heutigen Zeit auch in den Herzen der vertriebenen Schlackenwerther als Bindeglied zur verlorenen Heimat aus dem Mittelpunkt Rastatt. Die selbstgestellte Aufgabe, Leben und Werk der Markgräfin Franziska Sibylla Augusta zu würdigen, bedurfte mancher Anstrengung, mancher Unterstützung und Hilfe. Hier sei vorab dem Badischen Landesmuseum gedankt, seinem Direktor, Herrn Professor Dr. Volker Himmelein. Er vermittelte uns nicht nur Frau Dr. Saskia Esser, der wir die vorliegende einfühlsame und kenntnisreiche Arbeit verdanken, er stellte auch den notwendigen wissenschaftlichen und organisatorischen Apparat großzügig zur Verfügung. Dank gebührt ferner allen Leihgebern, die uns bereitwillig unterstützten. Besonders aber danke ich auch allen meinen Mitarbeitern, die durch ihren unermüdlichen Einsatz erst das Gelingen der Ausstellung ermöglichten.

Rastatt, im September 1983   Franz J. Rothenbiller
                                           Oberbürgermeister

Dank

Großer Dank gebührt an erster Stelle allen Leihgebern, durch deren freundliches Entgegenkommen die Ausstellung ermöglicht wurde. Ganz besonders möchte ich dem Badischen Landesmuseum Karlsruhe dafür danken, daß ich während der fünfmonatigen Vorbereitungszeit dort als Gast habe arbeiten dürfen; von Herrn Prof. Dr. Himmelein, Frau Dr. Stratmann und Herrn Dr. Rentsch erhielt ich dabei vielfältigen Rat und Unterstützung.
Den Mitarbeitern des Generallandesarchives Karlsruhe sei für ihre überaus freundliche Hilfsbereitschaft herzlich gedankt, vor allem auch Herrn Dr. Zier und Herrn Dr. Schwarzmaier für ihre wertvollen Ratschläge.

Nicht zuletzt bedanke ich mich bei allen beteiligten Mitarbeitern der Stadtverwaltung Rastatt, insbesondere bei Herrn Lang, Herrn Kleisinger und Frau Herrmann; ganz besonders aber danke ich Herrn Reiß, Stadtarchivar und Leiter des Heimatmuseums, der zum Zustandekommen der Ausstellung wesentlich beigetragen hat, für die sehr gute und freundschaftliche Zusammenarbeit.   S. E.

Die Leihgeber

Freiburg i. Br.
Dr. Heinrich Dux

Karlsruhe
Generallandesarchiv

Rastatt
Schloßkirche, Schulstiftung Baden-Württemberg
Stadtarchiv und Heimatmuseum
Schloß Favorite, Staatliche Liegenschaftsverwaltung
Baden-Württemberg
Arbeitsgemeinschaft Stadt Schlackenwerth e. V.

Privatbesitz

Inhaltsverzeichnis

Die Abteilungen 1–6 sind im Heimatmuseum ausgestellt, die Abteilungen 7 und 8 in der Pagodenburg.

Biographischer Überblick

Am 21. Januar 1675 wurde Franziska Sibylla Augusta in Schloß Ratzeburg, dem Stammsitz der Herzöge von Sachsen-Lauenburg, geboren. Sie war die zweite Tochter des Herzogs Julius Franz von Sachsen-Lauenburg (1641–1689), einem der wohlhabendsten Fürsten des Reiches. Dessen Vater, Herzog Julius Heinrich (1586–1665), hatte im Dreißigjährigen Krieg zu den Stammlanden Sachsen-Lauenburg 1623 die Herrschaft Schlackenwerth erworben. Wenig später konnte er den neuen böhmischen Besitz durch sieben weitere Herrschaften ergänzen (Theusing, Udritsch, Pürles, Hauenstein, Podersam, Tüppelsgrün und Kupferberg). Seine dritte Gemahlin, Anna Magdalena von Lobkowitz (gest. 1668) brachte unter anderem die Herrschaft Reichsstadt sowie ein Stadtpalais in Prag mit in die Ehe. Julius Heinrich baute die Schlösser Schlackenwerth und Theusing aus und legte in dem wasserreichen Schlackenwerth den berühmten »Garten der hundert Brunnen« an, den Matthäus Merian 1650 in seiner Topographia Bohemia wiedergab.

In Schlackenwerth verbrachte Sibylla Augusta zusammen mit ihrer um drei Jahre älteren Schwester Anna Maria Franziska (1672–1741) Kindheit und Jugend. 1681 verloren die Prinzessinnen ihre Mutter, Herzogin Maria Hedwig Augusta (geb. 1650), Tochter des Pfalzgrafen von Rhein-Sulzbach. Die Erziehung der beiden sechs- und neunjährigen Mädchen übernahm Gräfin Polixena von Werschowitz – eine Frau, von der ihre Zeitgenossen kein gutes Bild gezeichnet haben; sie galt als anmaßend und eigensüchtig.

Über Sibylla Augustas Kindheit sind keine archivalischen Nachrichten überliefert. Schulunterricht erhielten die Schwestern mit größter Wahrscheinlichkeit durch die Piaristen, einen 1607 durch Joseph Calasanz ins Leben gerufenen und 1621 vom Papst bestätigten Orden, der sich die Schulerziehung zur Aufgabe gemacht hatte. Piaristenpatres waren seit 1666 in dem für sie erbauten Kloster in Schlackenwerth ansässig, gerufen durch Sibylla Augustas Großmutter Anna Magdalena, geb. Lobkowitz. Jahre später sollte Sibylla Augusta als regierende badische Landesfürstin Patres desselben Ordens in ihre Residenzstadt Rastatt berufen und ihnen das Schulwesen übertragen.

Der unerwartete Tod des Vaters im Jahr 1689 setzte den Endpunkt für

Ce vend a Paris chez A Trouuain rüé S.t jacque au grand Monarque auec Priuil du Roy
1696

Madame La Princeße de Bade

1 *Markgräfin Franziska Sibylla Augusta. Um 1696. – Kat. Nr. 5*

16

ihre Kindheit und Jugendzeit. Bereits ein Jahr darauf war die nun Fünfzehnjährige verheiratet – mit dem um zwanzig Jahre älteren Markgrafen und kaiserlichen Feldherrn Ludwig Wilhelm von Baden[1] (1655–1707), dem »Türkenlouis«. Herzog Julius Franz, Oberbefehlshaber der kaiserlichen Kavallerie, hatte seine Töchter testamentarisch der Oberaufsicht Kaiser Leopolds I. unterstellt. Die Schwestern wurden durch ein Dekret des Kaisers zunächst in die Obhut ihrer Verwandten, der Herzogin Maria Anna von Lobkowitz und Sagan, einer geborenen Markgräfin von Baden, gegeben. Den Streit um das bedeutende Erbe der beiden unmündigen Prinzessinnen beendete die kaiserliche Sequestrierung (Beschlagnahmung und Zwangsverwaltung) von Sachsen-Lauenburg. Die Erbinnen hatten sich mit ihrem Anspruch, daß auch die weibliche Erbfolge zulässig sei, nicht durchsetzen können. Der reiche böhmische private Besitz wurde unter beiden aufgeteilt, wobei Sibylla Augusta Schlackenwerth und Theusing sowie eine Reihe weiterer böhmischer Güter zufielen. Die Schwestern zählten damit immer noch zu den interessantesten Partien des Reiches.

Kaiser Leopold wollte seinem verdienten Feldherrn, Markgraf Ludwig Wilhelm von Baden, dessen Land mit dem Schloß in Baden-Baden 1689 durch die Franzosen verwüstet worden war, während dieser in kaiserlichem Dienst die Türken im Osten abwehrte, die Ehe mit der älteren Prinzessin, Anna Maria Franziska, vermitteln. Seinem Vetter, Prinz Eugen von Savoyen, ebenfalls Feldherr im kaiserlichen Dienst, war die Jüngere zugedacht. Ludwig Wilhelm entschied sich jedoch sehr schnell für die jüngere Franziska Sibylla Augusta, mit der er sich am 14. Januar 1690 in Schlackenwerth verlobte. Die Hochzeit fand Ostern 1690 auf Schloß Raudnitz an der Elbe statt. Ihre Schwester heiratete im Oktober 1690 schließlich Philipp Wilhelm von Pfalz-Neuburg und nach dessen Tod 1697 Johann Gaston, Herzog von Toskana. Das markgräfliche Paar residierte zunächst in Schlackenwerth, wo 1691 unter Ludwig Wilhelm das »Weiße Schloß« entstand. Sibylla Augusta hielt sich dort während der nächsten Kriegszüge Ludwig Wilhelms auf. Erst 1692 begleitete sie ihn auf einem Feldzug bis nach Raab an der Donau.

Die Abberufung Ludwig Wilhelms vom östlichen Kriegsschauplatz im Winter des gleichen Jahres und die Übertragung des Oberbefehls im Krieg gegen Frankreich an ihn brachten eine grundlegende Wende in

---

1 Wenn nicht ausdrücklich »Baden-Durlach« genannt wird, bezieht sich der Name »Baden« ausschließlich auf die Markgrafschaft und die Markgrafen von Baden-Baden.

Sibylla Augustas Leben. Die folgenden Jahre wurden für sie eine ruhe- und heimatlose Zeit mit wechselnden Aufenthalten in Nürnberg, Augsburg, Aschaffenburg, Heilbronn und Günzburg, während Ludwig Wilhelm, gestützt vor allem auf die Truppen des schwäbischen und fränkischen Kreises, die französischen Expansionsbestrebungen abzuwehren versuchte. Während dieser Jahre kamen ihre drei ersten Kinder zur Welt, die alle früh verstarben.

Im Sommer 1697 scheiterte Ludwig Wilhelms Bewerbung um die polnische Krone, im gleichen Jahr noch beendete der Friedensschluß von Rijswijk den Orléanschen Erbfolgekrieg. Die folgende Friedenszeit nutzte der Markgraf zum Wiederaufbau seines Landes.

 **Ir Ludwig Wilhelm von Gottes Gnaden/**
Marggraf zu Baaden und Hochberg/ Landgraf zu Sausenberg/ Graf zu Sponheim und Eberstein/ Herr zu Rötteln/ Baadenweyler und Mahlberg/ ꝛc. Ritter des güldenen Vellus, der Röm. Kayserl. Majest. General Lieutenant &c. &c.

 **Emnach durch das vorgewesene leydige Kriegswesen auch**
Unsere Marggraffschafft Baaden gäntzlich devastirt/ und die darin vorhandene Städte/ Flecken/ Dörffer und Weyler/ mehrenntheils in die Aschen gelegt worden/ und Wir aber gnädigst gemeynt seynd/ bey nunmehr erlangtem Frieden sothane Städte/ Flecken/ Dörffer und Weyler/ auff alle weiße wiederum auffzubringen; Als haben wir gnädigst resolvirt/ zu mehrerer des Wercks facilitirung/ sowolen Unsern eingesessenen Burgern und Unterthanen/ als auch denen Frembden/ so etwan Lust haben möchten/ in besagten Städten/ Flecken/ Dörffern und Weylern/ neue Häuser zuerbauen/ Einige Freyheit/ und zwarn nachfolgender massen angedeyen zu lassen/
daß nemlich die Einheimische/ so in diesen dreyen Oertern/ Baaden/ Ettlingen und Rastatt/ allwo Unsere Residenz, und respective Jagdhauß seyn werden/ ihre Häuser von Stein nach dem gemachten Modell/ in Zeit von drey Jahren à dato publicationis, völlig und gäntzlichen auffgebauet haben werden/ von gedachten ihren Häusern Ein/ oder allemal nicht das geringste/ ausser einer Stub und Kammer zu Logirung Unserer Hoff-Bedienten/ als freye Quartier herzugeben schuldig seyn sollen; Da sie aber ihre Häuser in denen angesetzt und bestimten drey Jahren nicht völlig auff- und außbauen würden/ alsdann die oder derselbe/ obbenante Freyheit nicht allein nicht zu geniessen/ sondern auch der Platz einem andern überlassen werden solle. So viel aber die Leibeigenschafft betrifft/ bleibt selbige in ihrem vorigen Stand/ die Frembde aber/ so sie auff obbeschriebene weiß bauen werden/ sollen vor sich und ihre Nachkömmling (wann sie anderst kein liegende Güter/ als den Hauß-Platz und etwan beyliegendem Gärtlein an sich erhandlen würden) in perpetuum von der Leibeigenschafft befreyet seyn/ und auch wegen solch erbauten Häuser weiters nichts/ als wie oben gemelt/ ausser einer Stub und Kammer vor Unsere Hoff-Bediente herzugeben verbunden seyn. Das zu Erbauung solcher neuen Häuser benöthigte Bau-Holtz solle denenselben gleich Unsern Inheimischen gratis und ohne Entgelt abgefolgt werden; die in denen übrigen Städten/ Flecken/ Dörffern und Weylern/ befindliche Burger und Unterthanen aber sollen nicht nach dem Modell/ sondern nach eines jeden Vermögen zu bauen/ jedoch daß die Häuser/ so viel möglich/ zu des Landes Zier gebauet werden/ angehalten seyn/ und mit obiger condition der Freyheit von fünff Jahren zu geniessen haben. Welches zu männiglichem Wissenschafft unter fürgetrucktem Unserm Fürstl. Insigill hiemit offentlich affigirt wird. So geben Ettlingen den 16. Augusti 1698.

LOUIS MBaaden.

Dieser erste, am 16. August 1698 herausgegebene Erlaß zum Wiederaufbau vermittelt einen Eindruck vom Ausmaß der Zerstörung. Seit 1697 stand der Architekt Domenico Egidio Rossi in badischen Diensten; auf ihn geht die Planung der Modellhäuser zurück. Für Rastatt war zu dieser Zeit noch die Errichtung eines Jagdschlosses vorgesehen, das im März 1698 durch Rossi in Angriff genommen wurde, sowie die Anlage eines Tiergartens, der im Gebiet zwischen Kuppenheim, Bühl, Schwarzach und Rastatt Jagdwild bereithalten sollte. Schon ein Jahr später, im Winter 1699/1700 fällte Ludwig Wilhelm die Entscheidung, seine Residenz von Baden-Baden nach Rastatt zu verlegen und hier anstelle des fast vollendeten Jagdschlosses ein größeres Residenzschloß errichten zu lassen. Damit folgte er einerseits dem Zug der Zeit, die Residenz von der Anhöhe hinab, gemäß französischem Vorbild in die Ebene zu verlegen, andererseits verband er damit strategische Überlegungen. Rastatt wurde als befestigte Residenzstadt in ein gegen Frankreich gerichtetes Befestigungssystem integriert. Der nächste Krieg gegen Frankreich, ausgelöst durch den Streit um die spanische Erbfolge, zeichnete sich bereits ab. So wurden im Sommer 1700 – zugleich mit dem Bau des Residenzschlosses – umfangreiche Festungsarbeiten an der Stadt vorgenommen. Von den geplanten Modellhäusern dürfte zu dieser Zeit noch wenig gestanden haben.

Entgegen den Hoffnungen Ludwig Wilhelms sollte es noch bis zum Sommer 1705 dauern, ehe die markgräfliche Familie in das neue Residenzschloß übersiedeln konnte. Hier kam dann im Januar 1706 August Georg als letztes Kind Sibylla Augustas zur Welt. Von ihren neun Kindern, die sie wegen der Kriege alle bis auf die beiden jüngsten Söhne außerhalb Badens geboren hatte, blieben nur drei am Leben: der 1702 in Ettlingen geborene Ludwig Georg Simpert, wegen seiner Jagdleidenschaft als »Jägerlouis« bekannt, die 1704 in Aschaffenburg geborene Augusta Maria Johanna und der zuletzt in Rastatt geborene August Georg.

Der Erbprinz Ludwig Georg, von seiner Mutter »Einsiedelner Kind« genannt, weil er auf einer Wallfahrt nach Maria Einsiedeln erst als Sechsjähriger die Sprache erlangt hatte, heiratete 1721 die aus reicher böhmischer Familie stammende Maria Anna von Schwarzenberg. Von den drei Kindern aus dieser Verbindung blieb nur die Tochter Elisabeth Augusta (1725–1789) am Leben. Nach dem Tode Maria Annas ging Ludwig Georg mit Maria Josepha von Bayern eine zweite Ehe ein, die kinderlos blieb. Von 1727 bis zu seinem Tode 1761 führte er die Regierung der Markgrafschaft.

Seine Schwester Maria Johanna wurde nach komplizierten Verhandlungen 1724 mit Herzog Ludwig von Orléans vermählt. Sie starb bereits zwei Jahre später bei der Geburt ihres zweiten Kindes.

August Georg war, ganz entgegen seinen Neigungen, von seiner Mutter für die geistliche Laufbahn bestimmt worden. Da die Ehe seines Bruders ohne männlichen Nachfolger geblieben war, wurde er jedoch 1734 nach dem Tode Sibylla Augustas vom geistlichen Stand suspendiert und heiratete Prinzessin Maria Victoria von Aremberg. Diese Ehe blieb ohne Kinder. So starb 1771 mit August Georg, der nach dem Tod seines Bruders die Regierungsnachfolge angetreten hatte, der baden-badische Zweig des Hauses Baden in der männlichen Linie aus. Gemäß des 1765 abgeschlossenen Erbvertrages wurde die Markgrafschaft Baden-Baden dann mit der von Baden-Durlach wiedervereinigt.

Im Januar 1707 erlag Ludwig Wilhelm in seinem neuerbauten Residenzschloß einer Verletzung, die er sich drei Jahre zuvor bei der Schlacht am Schellenberg zugezogen hatte. Die zweiunddreißigjährige Witwe Sibylla Augusta, Mitvormünderin der Kinder, führte nun bis zur Volljährigkeit des Erbprinzen Ludwig Georg die Regierung des Landes.

Sie übernahm diese Aufgabe mitten im Krieg, unter den denkbar schwierigsten Umständen. Nur vier Monate nach dem Tod Ludwig Wilhelms durchbrachen die Franzosen die unter ihm angelegten Bühl-Stollhofener Befestigungslinien – was ihnen zu seinen Lebzeiten niemals gelungen war – und zogen in die Residenzstadt ein.

Sibylla Augusta mußte mit ihren Kindern nach Ettlingen fliehen; das Mobiliar und die kostbare Ausstattung des Rastatter Schlosses waren bereits in Sicherheit gebracht worden. Als der Friedensschluß von Rastatt 1714 dem Spanischen Erbfolgekrieg ein Ende gesetzt hatte, stand sie vor der Aufgabe, ein Land, das sich nach zwei kurz aufeinanderfolgenden Kriegen in katastrophalem Zustand befand, wieder aufzubauen. Baden war durch Kriegskontributionen hoch verschuldet, von den Heeren beider Seiten ausgeplündert; Häuser und Ortschaften lagen größtenteils zerstört, viele der Einwohner hatten fliehen müssen, Handel und Wirtschaft befanden sich auf einem Tiefstand. Als Sibylla Augusta nach zwanzig Jahren die Regierung an ihren fünfundzwanzigjährigen Sohn Ludwig Georg abgab, hatte sie den entscheidenden Beitrag zum Wiederaufbau des Landes geleistet (s. Kap. 4 und 5) und dafür zu einem nicht unerheblichen Teil Einkünfte aus ihren böhmischen Gütern eingesetzt.

1727 zog sie sich auf das von ihr als Witwensitz wiederaufgebaute Ettlinger Schloß zurück, wo sie am Freitag, dem 10. Juli 1733, gegen Mitternacht nach einer langen und schweren Krankheit starb. Beigesetzt wurde sie in ihrer Schloßkirche in Rastatt, unter dem Stein mit den von ihr gewählten Worten »Betet für die große Sünderin Augusta«. Diese Inschrift hatte im letzten Jahrhundert zu unbegründeten Spekulationen über den Lebenswandel Sibylla Augustas Anlaß gegeben. Jedoch ist dieselbe Demut, wie sie aus den Worten ihres Grabsteines spricht, vielfach als charakteristischer Wesenszug der Frömmigkeit Sibylla Augustas überliefert. In allen religiösen Dingen trat sie nicht als Landesfürstin auf, sondern wollte »als ein gemeines armes Bettelweib« behandelt sein, wie ihr langjähriger Beichtvater in seinem Bericht »Von dem Tugendreichen Leben, exemplarischen Zubereiten zu dem Sterben und gottseligen Todt Ihro Hochfürstl. Durchlaucht verwittibten Frau, Frau Markgräfin . . . Franziska Sibylla Augusta« ausführte.

Im gleichen Geist erfolgte die von Sibylla Augusta angeordnete Bestattung ohne jeden höfischen Prunk; ihr Beichtvater hatte sie folgendermaßen beschrieben: »Die entseelte Fürstl. Leiche wurde nach dero Verordnung bekleidet mit dem Habitt der Carmeliterin, auf kein Parade-Bett, sondern auf 2 Bretter, welche mit von Pinsen geflochtenem Deck bedeckt, gelegt, und dem Volk zu öffentlicher Beschauung . . . ausgesetzt, bey welcher unabläßlich hl. Messen gelesen . . . Hernach in 2 Sarg verschlossen . . . und vor den hohen Altar (der Nepomukkapelle) gesetzt . . . Den 12. Abends gegen 7 Uhr wurde der Fürstl. Leichnam Solenniter geführt nach Rastatt, allwo derselbe Nachts gegen 12 Uhr in der Alldasigen Hofkirchen in einer jedermann vorher verborgenen Gruft unter der großen Kirchentür – damit sie von Jedermann möchte mit Füßen getretten werden, beigesetzt worden und bis zur allgemeinen Auferstehung in Frieden ruhet«.[1]

1 Weiland, 144.

1 Prinzessin Franziska Sibylla Augusta von Sachsen-Lauenburg als Kind

Öl auf Leinwand. Georg Adam Eberhard (1656–1688 als Maler in Eger nachweisbar), 1678. H. 139,5 cm, B. 106,4 cm

Sibylla Augusta ist ganzfigurig als dreijähriges Kind in einem reich geschmückten weißen Kleid dargestellt. Sie nimmt mit der ausgestreckten Rechten eine Tulpe entgegen, die ihr ein kniender Mohrenknabe entgegenreicht.

Literatur: Kircher, Zähringer Bildnissammlung, Nr. 307. – Türkenlouis-Katalog Nr. 217, Abb. 20

Privatbesitz

2 Herzog Julius Franz von Sachsen-Lauenburg

Kupferstich. Bezeichnet unten in der Platte: Illustrissimae celsitudinis Suae humillimus Servus D.D.D. Matthae, Merian qui pinxit. – Philipp Kilian sculpt. H. 38,3 cm, B. 28,5 cm (Platte)

Brustbild des Herzogs Julius Franz von Sachsen-Lauenburg (1641–1689), Vater Franziska Sibylla Augustas.

Rastatt, StA K-313

3 Herzogin Hedwig Auguste von Sachsen-Lauenburg

(Foto eines um 1680 entstandenen Gemäldes; Kircher, Zähringer Bildnissammlung, Nr. 725)

Kniestück. Herzogin Hedwig Auguste von Sachsen-Lauenburg (1650–1681), geborene Prinzessin von Rhein-Sulzbach, Mutter Sibylla Augustas.

4 Die Prinzessinnen Franziska Sibylla Augusta und Anna Maria Franziska von Sachsen-Lauenburg

Öl auf Leinwand. In der Art Caspar Netschers von einem böhmischen Hofmaler. Um 1690. H. 104 cm, B. 169,6 cm

Fast Kniebild. Die beiden Schwestern sitzen auf einer Terrasse an einem blumenge-schmückten Tisch. Das Bild zeigt beide Prinzessinnen wohl im Jahr ihrer Heirat, dem letzten Jahr, das sie gemeinsam verlebten.

Literatur: Kircher, Zähringer Bildnissammlung, Nr. 811. – Türkenlouis-Katalog Nr. 219

Privatbesitz

5 Markgräfin Franziska Sibylla Augusta geb. Prinzessin von Sachsen-Lauenburg (Abb. 1)

Kupferstich. Bezeichnet und datiert unten in der Platte: Ce vend a Paris chez A Trouvain rue St jacque au grand Monarque avec Privil du Roy / 1696. H. 30,8 cm, B. 19,7 cm (Platte)

Ganzfigurige Darstellung der jungen Markgräfin vor einer Gartenanlage, in reichem Kleid mit Schleppe, einen Fächer in der erhobenen Rechten haltend.

GLA J/Aa:S 14

6 Ansicht des »Weißen Schlosses« in Schlackenwerth

(Foto eines Kupferstiches; Hubatschek, Schlackenwerth, S. 74)

Das jungvermählte markgräfliche Paar residierte zunächst in Schlackenwerth; Markgraf Ludwig Wilhelm von Baden ließ dort 1691 von Johann Michael Sockh das »Weiße Schloß« errichten.

7 Markgraf Ludwig Wilhelm von Baden

Öl auf Leinwand. Unbekannt. 18. Jahrhundert. H. 265 cm, B. 158 cm

Ganzfigurige Darstellung des kaiserlichen Feldherrn Markgraf Ludwig Wilhelm von Baden (1655–1707), Gemahl Sibylla Augustas; auf der Brust die Ordenskette des Goldenen Vlieses, das Ludwig Wilhelm für seine Siege in den Türkenkriegen vom Kaiser verliehen worden ist. Pendant zu Kat.-Nr. 14.

Rastatt, Heimatmuseum M 9/82

8 Ansicht von Schlackenwerth aus der Vogelperspektive

Federzeichnung. Gebäude durch Nummern bezeichnet. Johann Michael Sockh. 1716. H. 49,7 cm, B. 82,5 cm

Schloß Schlackenwerth, im Dreißigjährigen Krieg zusammen mit weiteren böhmischen Besitzungen von Sibylla Augustas Großvater, Herzog Julius Heinrich erworben, war die Heimat Sibylla Augustas während ihrer Kinderzeit. 1691 fielen ihr bei der Erbteilung Schloß Schlackenwerth und Schloß Theusing neben weiteren böhmischen Gütern zu. Die Zeichnung zeigt u. a. das von Sibylla Augustas Vater im 17. Jhd. umgebaute alte Schloß (Nr. 2), das 1791 unter Ludwig Wilhelm errichtete »Weiße Schloß« (Nr. 1) sowie das 1673 von Abraham Leuthner erbaute Gartenhaus (Nr. 4); dessen Mittelsaal diente Sibylla Augustas Hofbaumeister Michael Ludwig Rohrer als Vorbild für die Sala terrena des ab 1710 bei Rastatt entstandenen Sommerschlosses Favorite.

Literatur: Türkenlouis-Katalog, Nr. 214, Abb. 21

GLA Hfk Bd. XVI (1)

9 Aufschwörung

Pergament. Temperafarben und Gold. Ende 17. Jahrhundert. H. 61 cm, B. 74,1 cm

Ahnentafel Ludwig Wilhelms und Sibylla Augustas. Das Blatt führt mit 30 Wappen die Vorfahren beider bis zur Generation der Urgroßeltern auf. Ganz unten das badische Wappen.

GLA 47/546,1

10 Ehevertrag des Markgrafen Ludwig Wilhelm von Baden und der Prinzessin Franziska Sibylla Augusta von Sachsen-Lauenburg

Original. Papierlibell, 7 Siegel. Raudnitz an der Elbe, 27. März 1690. H. 31,8 cm B. 20 cm.

Eigenhändige Unterschriften und Siegel Ludwig Wilhelms und Sibylla Augustas sowie der fünf Zeugen. Die Ehe wurde durch Kaiser Leopold I. vermittelt. Der Kaiser hatte zunächst Sibylla Augustas ältere Schwester Anna Maria Franziska als Braut für

Ludwig Wilhelm vorgesehen; der Markgraf jedoch entschied sich sehr schnell für die fünfzehnjährige Sibylla Augusta, mit der er sich am 14. Januar 1690 verlobte. Die Hochzeit fand an Ostern desselben Jahres auf Schloß Raudnitz an der Elbe statt.

Literatur: Türkenlouis-Katalog, Nr. 220

GLA 46/3965

11 Allianzwappen

Papier. Temperafarben und Gold. Ende 17. Jahrhunderts. H. 37 cm, B. 32,5 cm.

Allianzwappen des Markgrafen Ludwig Wilhelm von Baden und der Markgräfin Franziska Sibylla Augusta, geb. Prinzessin von Sachsen-Lauenburg unter einem hermelinverbrämten Fürstenhut

GLA J/K:B 17

12 Plan der Stadt Rastatt mit Schloß, Schloßgarten und Festungswerken

Papier. Feder und Pinsel, aquarelliert. Um 1705. H. 64,2 cm, B. 69 cm

Im Winter 1699/1700 fällte Markgraf Ludwig Wilhelm die Entscheidung, seine Residenz von Baden-Baden nach Rastatt zu verlegen und hier von Domenico Egidio Rossi anstelle des bereits begonnenen Jagdschlosses ein größeres Residenzschloß errichten zu lassen. Der Plan zeigt die vom heute noch bestehenden Brunnenhaus zum Schloß führende Wasserleitung, die das für die Bauarbeiten notwendige Wasser herbeiführte. Vom Schloß aus gehen drei Straßen strahlenförmig in die Stadt; sie werden von einer querverlaufenden Straße geschnitten, die in der Mitte einen unbebauten (Markt-)Platz freiläßt. Die einzelnen Quartiere sind nur schematisch eingetragen, denn von den geplanten Modellhäusern kann zu dieser Zeit noch nicht viel gestanden haben. Ein Festungsgürtel, an dem seit Sommer 1700 gearbeitet wurde, umgibt die Stadt und das Schloß mit dem von Le Maire geplanten Schloßgarten.

Literatur: Hirsch, S. 29, Abb. 8, 9. – Renner, Der Stadtplan von Rastatt, S. 316, Nr. 6. – Schefold, Nr. 32196

GLA Hfk Bd. V,1

13 Bestätigung des Testamentes Markgraf Ludwig Wilhelms durch Kaiser Josef I.

Original. Pergamentbuch in rotem Samteinband. Eigenhändige Unterschrift und Wachssiegel des Kaisers. Wien, 8. Februar 1707. H. 32,5 cm, B. 29 cm

Kaiser Joseph I. bestätigt das Testament des Markgrafen mit seinen vier Ergänzungen. Ludwig Wilhelm hatte seine Gemahlin Sibylla Augusta als Oberlandesregentin und Mitvormünderin der Kinder eingesetzt und Kurfürst Johann Wilhelm von der Pfalz sowie Herzog Leopold von Lothringen zu weiteren Mitvormündern bestimmt.

Literatur: Sibylla Augusta, Ausstellung Ettlingen, Kat.-Nr. 13

GLA 46/3958

14 Markgräfin Franziska Sibylla Augusta von Baden

Öl auf Leinwand. Unbekannt. 18. Jahrhundert. H. 265 cm, B. 158 cm

Ganzfigurige Darstellung der Markgräfin Sibylla Augusta in Witwentracht . Pendant zu Kat. Nr. 7

Rastatt, Heimatmuseum M 10/82

24

15 Bestätigung Kaiser Leopolds I. für das Erbfolgerecht bezüglich der böhmischen Besitzungen Sibylla Augustas

Original. Pergamentbuch in rotem Samteinband. Eigenhändige Unterschrift und Wachssiegel des Kaisers. Wien, 7. August 1703. H. 33,5 cm, B. 30,3 cm

Kaiser Leopold I. bestimmt auf Bitten der Markgräfin Sibylla Augusta, daß für ihre böhmischen Besitzungen das Recht der Primogenitur gelten soll.

Literatur: Sibylla Augusta, Ausstellung Ettlingen, Kat.-Nr. 15

GLA 46/4088

16 Testament der Markgräfin Franziska Sibylla Augusta

Original. Papierlibell mit Pergamentumschlag. Eigenhändige Unterschriften und Siegel der Markgräfin und der fünf Zeugen. Aschaffenburg, 31. August 1703 / Ettlingen, 20. April 1733. H. 35 cm. B. 22 cm

Die Markgräfin fügte ihrem 1703 in Aschaffenburg abgeschlossenen Testament am 20. April 1733 eine Neufassung mit einigen Änderungen hinzu, die ihre später geborenen Kinder berücksichtigten.

Literaur: Sibylla Augusta, Ausstellung Ettlingen, Kat.-Nr. 7, 8

GLA 46/4095

17 Totenbuch des Kapuzinerklosters in Rastatt

Original. Buch mit Ledereinband, Titelblatt in Temperafarben. Rastatt, begonnen 1699. H. 26,5 cm, B. 23 cm

Unter dem 10. Juli ist der Tod der Markgräfin Franziska Sibylla Augusta eingetragen.

Literatur: Markgräfin Sibylla Augusta, Ausstellung Karlsruhe, siehe unter ›Vitrine 9‹

GLA 65/401

18 Sibylla Augusta auf der Totenbahre

Kupferstich. Um 1733. Neudruck nach der alten Platte (?) H. 15,2 cm, B. 25,9 cm (Platte)

Die Markgräfin liegt mit gefalteten Händen in einem mit Schleifen besetzten Gewand aufgebahrt. Über ihr erscheinen in einem Lichtstreif zwischen Wolken drei Puttenfiguren: zwei umarmen einander, der dritte hält Fürstenhut und Palmzweig.

Rastatt, StA K-1837

19 Grabstein Sibylla Augustas

Roter Sandstein mit Messinglettern. Um 1733. H. 88,5 cm, B. 88,5 cm

Original-Grabstein Sibylla Augustas aus der Schloßkirche mit den von ihr selbst gewählten Worten »+ / BETTET / FÜR / DIE / GROSE / SÜNDERIN / AUGUSTA / MDCCXXXIII«
In der Schloßkirche in Rastatt, der Begräbnisstätte Sibylla Augustas, befindet sich heute eine Kopie des Grabsteines.

Rastatt, Heimatmuseum

20 Markgraf Ludwig Georg Simpert von Baden

Öl auf Leinwand. Unbekannt. 18. Jahrhundert. H. 111 cm, B. 84 cm

Brustbild Ludwig Georg Simperts (1702–1761). Ältester Sohn Sibylla Augustas, für den sie zwanzig Jahre lang vormundschaftlich die Regierung geführt hat. 1721 heiratete er Anna Maria von Schwarzenberg, die ihm eine Tochter, Elisabeth Augusta (1725–1789) gebar. Seine zweite Ehe nach dem Tode Anna Marias mit Maria Josepha von Bayern blieb kinderlos. Ludwig Georg war von 1727 bis 1761 regierender Markgraf.

Stadt Rastatt, Rathaus

21 Jagdbuch des Markgrafen Ludwig Georg Simpert

Buch in grünem Ledereinband mit rot unterlegtem badischem Wappen und Goldverzierung. Federzeichnungen von Johann Fidel Werner. Mitte 18. Jahrhundert. H. 48 cm, B. 35 cm

Der jagdfreudige Markgraf Ludwig Georg erhielt im Volksmund den Beinamen »Jägerlouis« – in Entsprechung zu seinem kriegserfahrenen Vater Markgraf Ludwig Wilhelm, den der Volksmund wegen seiner Siege gegen die Türken »Türkenlouis« nannte. Das Jagdbuch Ludwig Georgs zeigt in ganzseitigen Federzeichnungen Hirsche, Wildschweine, Hasen und anderes Wild, das zumeist der Markgraf selbst erlegt hatte; daneben einige Tiere mit seltsamen Mißbildungen, die in den Wäldern des Markgrafen gefunden worden waren.

Literatur: Markgräfin Sibylla Augusta, Ausstellung Karlsruhe, siehe unter ›Vitrine 10‹

GLA Hfk Hs 268

22 Markgraf August Georg von Baden

Öl auf Leinwand. Hofmaler Josef Wolfgang Hauwiller (?). 18. Jahrhundert. H. 105 cm, B. 85 cm

Brustbild August Georgs (1706–1771). Sibylla Augusta hatte ihren zweiten Sohn für die geistliche Laufbahn bestimmt; da die Ehe seines Bruders jedoch ohne männlichen Nachkommen geblieben war, wurde er 1734 nach dem Tode Sibylla Augustas vom geistlichen Stand suspendiert. Er heiratete Maria Victoria von Aremberg, die Ehe blieb ohne Kinder. Von 1761 bis 1771 war er regierender Markgraf. Mit ihm starb 1771 der baden-badische Zweig des Hauses Baden in der männlichen Linie aus, und die Markgrafschaft Baden-Baden wurde mit der von Baden-Durlach wiedervereint.

Stadt Rastatt, Rathaus

23 Herzogin Maria Johanna von Orléans, geb. Prinzessin von Baden

Öl auf Leinwand. Unbekannt. 18. Jahrhundert. H. 111 cm, B. 84,5 cm

Sibylla Augustas Tochter heiratete 1724 Herzog Ludwig von Orléans. Sie starb bereits 1726 bei der Geburt ihres zweiten Kindes.

Stadt Rastatt, Rathaus

Zeittafel

21. Jan. 1675   Geburt Franziska Sibylla Augustas in Schloß Ratzeburg als zweite Tochter des Herzogs Julius Franz von Sachsen-Lauenburg und seiner Gemahlin Maria Hedwig Augusta, Tochter des Pfalzgrafen von Rhein-Sulzbach.

Jan. 1681 bis Nov. 1689   Tod der Mutter Maria Hedwig Augusta. Sibylla Augusta und ihre um drei Jahre ältere Schwester Anna Maria Franziska werden in Schlackenwerth von ihrer Erzieherin, Gräfin Polixena von Werschowitz betreut.

Sept. 1689   Tod des Vaters Julius Franz von Sachsen-Lauenburg. Sibylla Augusta und ihre Schwester siedeln auf das böhmische Schloß Reichsstadt über, wo sie durch ein Dekret Kaiser Leopold I. ihrer Verwandten, der Herzogin Maria Anna von Lobkowitz und Sagan anvertraut werden.
Den Streit um das Erbe der unmündigen Prinzessinnen beendet die kaiserliche Sequestrierung von Sachsen-Lauenburg. Der böhmische Besitz wird unter beiden aufgeteilt, wobei Sibylla Augusta u. a. Schloß Schlackenwerth zufällt.

14. Jan. 1690   Verlobung mit dem »Türkensieger« Markgraf Ludwig Wilhelm von Baden-Baden auf Vermittlung Kaiser Leopolds I.

28. März 1690   Hochzeit auf Schloß Raudnitz an der Elbe. Da der Stammsitz des Markgrafen in Baden-Baden 1689 durch die Franzosen zerstört worden ist, residiert das Paar zunächst in Schlackenwerth, wo 1691 das Weiße Schloß entsteht. Ludwig Wilhelm kehrt zurück an den Kriegsschauplatz im Osten.

1691	Stiftung eines Altares für die Kirche des Piaristenklosters »Maria Treu« in Schlackenwerth durch Sibylla Augusta als Dank für den Sieg Ludwig Wilhelms über das türkische Heer bei Salankamen. Stiftung der Floriankapelle in Schlackenwerth nach einem Brand im gleichen Jahr.
Feb. 1692	Sibylla Augusta trifft am kaiserlichen Hof in Wien mit ihrem Gatten zusammen.
Juli 1692	Sie begleitet Ludwig Wilhelm von Wien aus zu seinem nächsten Feldzug gegen die Türken bis nach Raab an der Donau.
Dez. 1692	Nach dem Sommerfeldzug Aufenthalt in Wien. Ludwig Wilhelm wird das Oberkommando im Verteidigungskrieg gegen die Franzosen am Oberrhein übertragen. Der Oberbefehl über das kaiserliche Heer im Krieg gegen die Türken geht an seinen Vetter, Prinz Eugen von Savoyen.
Febr. – März 1693	Reise über Prag nach Schlackenwerth. Besuch des markgräflichen Paares bei Sibylla Augustas Großvater, Pfalzgraf Christian August von Sulzbach.
April – Juni 1693	Aufenthalt in Nürnberg, wo Beratungen des Markgrafen mit dem fränkischen Reichskonvent wegen der Kriegsführung am Oberrhein stattfinden, und in Eßlingen, wo der erste Kriegsrat abgehalten wird. Lager bei Wimpfen am Neckar und bei Heilbronn.
Winter 1693	Aufenthalt auf dem kaiserlichen Schloß Günzburg an der Donau, das für das markgräfliche Paar während der Kriegszeit zum festen Quartier wird. Von hier aus besucht Sibylla Augusta den Markgrafen an seinen verschiedenen Standorten.
März 1695	Reise Sibylla Augustas nach Schlackenwerth.

Nov. 1695	Geburt des Sohnes Leopold Wilhelm in Günzburg (gestorben Mai 1696).
August 1696	Geburt der Tochter Charlotte in Günzburg (gestorben Januar 1700).
Sommer 1697	Ludwig Wilhelms Bewerbung um die polnische Königskrone scheitert.
Sept. 1697	Geburt des Sohnes Carl Josef in Augsburg (gestorben März 1703).
Okt. 1697	Der Friedensschluß von Rijswijck beendet den 1688 ausgebrochenen Orléanschen Erbfolgekrieg.
März 1698	*Baubeginn des Jagdschlosses in Rastatt durch den italienischen Architekten Domenico Egidio Rossi.*
März 1699	*Rossi sendet einen Plan für den modellmäßigen Wiederaufbau von Rastatt an Ludwig Wilhelm.*
Dez 1699– Jan. 1700	*Ludwig Wilhelm fällt die Entscheidung, Rastatt zur befestigten Residenzstadt auszubauen. Das fast vollendete Jagdschloß wird teilweise wieder abgetragen. An seiner Stelle soll ein größeres Residenzschloß entstehen.* Die markgräfliche Familie hält sich während dieses Winters in Schlackenwerth auf.
August 1700	Geburt der Tochter Wilhelmine in Nürnberg (gestorben Mai 1702).
Sommer 1700	*Arbeiten an der Stadtbefestigung in Rastatt.*
März 1701	Ausbruch des Spanischen Erbfolgekrieges.
Mai 1701	Geburt der Tochter Louise in Nürnberg (gestorben September 1701).

Juni 1702	Geburt des Sohnes Ludwig Georg Simpert in Ettlingen *(von 1727 bis 1761 regierender Markgraf, gestorben September 1761 in Rastatt)*.
Winter 1702	Die markgräfliche Familie bezieht das notdürftig wiederhergestellte Schloß in Baden-Baden, bis das neue Residenzschloß in Rastatt fertig ist.
März 1703	Reise nach Schlackenwerth.
Sommer 1703	Erste Wallfahrt nach Maria Einsiedeln in der Schweiz.
Sept. 1703	Geburt des Sohnes Wilhelm Georg in Aschaffenburg (gestorben Februar 1709).
Nov. 1704	Geburt der Tochter Augusta Maria Johanna in Aschaffenburg (spätere Herzogin von Orléans, gestorben 1726).
Herbst 1705	*Übersiedlung der markgräflichen Familie nach Rastatt in das fast vollendete Residenzschloß.*
Jan. 1706	*Geburt des Sohnes August Georg in Rastatt (von 1761 bis 1771 regierender Markgraf, gestorben September 1771 in Rastatt).*
1706	Wallfahrt des markgräflichen Paares nach Triberg im Schwarzwald.
4. Jan. 1707	*Tod ihres Gatten, des Markgrafen Ludwig Wilhelm, in Rastatt. Sibylla Augusta übernimmt die Regierung für ihren unmündigen Sohn.*
1707	*Der junge böhmische Architekt Johann Michael Rohrer wird an die Stelle des von Sibylla Augusta entlassenen Domenico Egidio Rossi berufen. Er beginnt mit Instandsetzungs- und Umbauarbeiten am Rastatter Schloß.*

Mai 1707	*Einnahme der Bühl-Stollhofener Linien und Besetzung des Rastatter Schlosses durch die Franzosen.* Sibylla Augusta flieht mit ihren Kindern nach Ettlingen.
Juli 1708	Zweite Wallfahrt nach Maria Einsiedeln, zusammen mit dem Erbprinzen Ludwig Georg Simpert, der dort die Sprache erlangt.
1709/1710	Stiftung der Kapelle Maria Einsiedeln in Schlackenwerth, die nach dem Vorbild der Einsiedelner Kapelle in der Schweiz errichtet wird.
März – April 1710	Dritte Wallfahrt nach Maria Einsiedeln.
Juli – August 1710	Aufenthalt in Schlackenwerth.
1710	*Baubeginn des Sommerschlosses Favorite nach Plänen von Johann Michael Rohrer.*
März 1714	*Abschluß des Rastatter Friedens im Schloß von Rastatt durch die Unterhändler Marschall Villars für die französische und Prinz Eugen von Savoyen für die kaiserliche Seite. Damit ist die Voraussetzung geschaffen für die Rückkehr Sibylla Augustas in ihre Residenzstadt und den Wiederaufbau der verwüsteten Markgrafschaft.*
April 1714	*Sibylla Augusta erläßt die Aufforderung, den modellmäßigen Wiederaufbau Rastatts voranzutreiben. Sie bestätigt die Privilegien und Steuervorteile für das modellmäßige Bauen.*
Sept. 1714	Vierte Wallfahrt nach Maria Einsiedeln.
März 1715	*Stiftung der Kapelle Maria Einsiedeln in Rastatt, die ebenfalls nach dem Vorbild der von Sibylla Augusta oft besuchten Schweizer Wallfahrtskapelle erbaut wird.*

April 1715	Fünfte Wallfahrt nach Maria Einsiedeln.
Juni 1715	*Berufung der Piaristen aus Schlackenwerth nach Rastatt. Gründung einer Piaristenschule in Rastatt.*
Okt. 1715	*Berufung des Hofkapellmeisters Johann Caspar Ferdinand Fischer aus Schlackenwerth an den Rastatter Hof.*
Juni 1716	*Grundsteinlegung für das Rastatter Rathaus.*
1716	*Grundsteinlegung für ein Kaufhaus (Lagerhaus) in Rastatt.*
Mai 1717	*Weihe der unter Ludwig Wilhelm begonnenen Franziskanerkirche in Rastatt.*
1718	*Errichtung einer der hl. Magdalena geweihten Eremitage im Park von Rastatt durch Johann Michael Rohrer.*
Mai – Juli 1719	Reise nach Rom und Florenz.
1719	*Baubeginn der Heiligen Stiege und der Hofpfarrkirche Heilig Kreuz in Rastatt nach Plänen von Johann Michael Rohrer.*
Jan. 1720	*Weihe der Heiligen Stiege und des Sanctuariums, Grundsteinlegung zur Schloßkirche. Große, in Kreuzform verlaufende Reliquienprozession.*
1720	*Errichtung einer Marienkapelle im Schloßpark von Rastatt als Nachbildung der Wallfahrtskapelle »Casa Santa« in Loreto in Oberitalien (im 19. Jahrhundert abgebrochen).*
1720–1721	Reise nach Schlackenwerth und Prag.

März 1721	Reise an den kaiserlichen Hof nach Wien. Sibylla Augusta fordert rückständige Kriegsentschädigungszahlungen für ihre Markgrafschaft ein.
April 1721	Vermählung des Erbprinzen Ludwig Georg Simpert mit Anna Maria von Schwarzenberg.
März 1722	Sibylla Augusta besucht den Kurfürsten Max Emmanuel II. in München.
1722	*Bau der Pagodenburg, des Gartenpavillons im Rastatter Schloßpark nach dem Vorbild des Pagodenschlößchens im Nymphenburger Park in München.*
Juni 1722	Reise nach Schlackenwerth.
Okt. 1722	Sechste Wallfahrt nach Maria Einsiedeln.
Mai 1723	*Weihe der Hofpfarrkirche Heilig Kreuz durch Fürstbischof Damian Hugo von Schönborn.*
Juni 1724	*Vermählung ihrer Tochter Maria Johanna Augusta mit Herzog Ludwig von Orléans in der Schloßkirche in Rastatt.*
1726	*Erbauung des Hofpfarrhauses in Rastatt gegenüber der Hofpfarrkirche durch Michael Ludwig Rohrer (heutiger Mittelbau des Ludwig-Wilhelm-Gymnasiums).*
Juni 1727	*Sibylla Augusta übergibt die Regierung ihrem fünfundzwanzigjährigen Sohn Ludwig Georg Simpert. Sie zieht sich auf das von ihr wiederaufgebaute Schloß nach Ettlingen zurück.*
Okt. 1727	Siebte Wallfahrt nach Maria Einsiedeln.
Okt. 1729	Reise nach Schlackenwerth.

Juni 1730	Achte Wallfahrt nach Maria Einsiedeln.
10. Juli 1733	Tod der Markgräfin Franziska Sibylla Augusta in Ettlingen.
12. Juli 1733	*Bestattung in der Schloßkirche in Rastatt.*

Zur Lage am Oberrhein

»Es ist reichskhündtig, daß die dißeithige Baaden Badische Marggrafschaft sich von dem in vorletsterem frantzösichen Krieg gleich bey dessen eingang erlittenem brandt, und sonstig gäntzlichem ruin, durch die vor anfang des gegenwertigen Kriegs gehabte wenige Friedensjahre ohnmöglich zu erholen, vermöget, und daß nun seither sechs Jahren hero aufs neue, sowohl die feindliche als Kayserliche und Reichsarmee schier beständig den Sommer durch im Feldt- und im Winther auf der postirung nach erhaischender Kriegsraison in dieser Marggrafschaft zu campiren und zu logiren gemüßiget gewesen. Waß . . . denen armen Unterthanen, durch die beständige, denen freundt- und feundtliche armeen zu thuen gehabte Kriegsfrohnen . . . vor unbeschreibliche beschwehrden aufgebürdet zu werden pflegen, kan Jeder vernünftiger, sonderlich aber, diejenige, welche es selbsten erfahren, oder mitanzusehen die gelegentheit gehabt, gleich begreifen, und darob den Schluß machen, in waß vor einem miserablen Zustandt dieses bey Kriegszeith so unglückhlich situirte Landt sich befindten müße . . .
Nachdem aber bekanntermaßen in verwichenem Monath May die frantzösische Armée durch die dißeithige Linien und über den Rhein, allem vermuthen entgegen in dieße Marggrafschafft eingetrungen, und wie bey dergleichen feindtlichem einbruch zu geschehen pfleget, durch brandtblinderung, Verwundung- und theils entleibung der Unterthanen, daß gantze Landt schier in völlige verwüstung gesetzet mithin einen unbeschreiblichen schaden verursachet, zumahlen nach abgefordert- und zu bezahlen angehaltene ohnerschwingliche contributionen, auch völlig schier abgenommenem vieh, um wieder die gantze armée in die drey Monath lang zu Rastatt und die unßrige zu Ettlingen campiren, und von einem Endt des Landts zum andern alles dergestalten außfouragiret, und in offenen orthen die häußer sambtlich so verderbet, daß ohnmöglich daß noch übrige wenige vieh erhalten werden kan, und der bißhero in Wäldtern salvirte Bauersmann, den Winter über sein Hauß zu bewohnen nit vermag, einfolglich mit Weib undt Kindteren den bettelstab zu ergreifen und außer landts ins ehlend zu laufen gezwungen.«[1]
Dies war der Stand der Dinge im gleichen Jahr, als Sibylla Augusta die Regierung übernahm – dargestellt von ihr selbst in dem hier wiedergege-

---

1 E. Weiland, S. 107 ff.

benen Schreiben an den Reichstag zu Regensburg. Seit Sibylla Augusta im Jahr 1693 – nachdem Ludwig Wilhelm den Oberbefehl im Krieg gegen Frankreich erhalten hatte – zum ersten Mal in ihre neue Heimat am Oberrhein gekommen war, kannte sie das Land nur im Kriegszustand und vom Krieg verwüstet. Die schlimmsten Zerstörungen hatten die Franzosen bereits 1689 zu Beginn des Orléanschen Erbfolgekrieges angerichtet. Ludwig Wilhelm hinderte das französische Heer durch ein System von Befestigungslinien an einem weiteren Vorstoß in das Reich. Zu seiner Verbitterung war er außer auf die Truppen des schwäbischen und fränkischen Reichskreises auf ständig wechselnde Verstärkungtruppen angewiesen, deren Bewilligung durch den Kaiser stets unsicher war und zeitraubende Verhandlungen erforderte. Nach dem Friedensschluß von Rijswijck 1697 blieben der Markgrafschaft nur vier kurze Jahre des Wiederaufbaus, den der Krieg um die spanische Erbfolge 1701 wiederum ins Stocken brachte. In dieser Zeitspanne war Rastatt zur Residenzstadt ausgewählt und befestigt worden, der Bau des Schlosses hatte begonnen. Es sollte insgesamt zwölf Jahre dauern, bis die markgräfliche Familie eine feste Bleibe in ihrem Land gefunden hatte. Ludwig Wilhelm erlebte sein neues Residenzschloß, in das er 1705, infolge seiner Kriegsverletzung gesundheitlich stark angegriffen, eingezogen war, nur noch knapp zwei Jahre. Bereits vier Monate nach seinem Tod mußte Sibylla Augusta im Mai 1707 vor den Franzosen, die die Bühl-Stollhofener Linien durchbrochen hatten, aus ihrer Residenzstadt fliehen. Erst der 1714 im Rastatter Schloß nach monatelangen Verhandlungen zwischen Prinz Eugen für die kaiserliche und Marschall Villars für die französische Seite ausgehandelte Friedensvertrag schuf die Grundlage für eine längere Zeit des Friedens und gab Sibylla Augusta die Möglichkeit, den Wiederaufbau des Landes voranzutreiben.

24 Karte des Kreises Schwaben

Kupferstich. Bezeichnet und datiert in der Kartusche rechts unten: Le Cercle de Souabe/subdivisé/en touts les Estats quile composent/Tiré sur les Memoires les plus nouveaux/Par le Sr. SANSON Geographe Ordinaire du Roy./A Paris/Chez H. IAILLOT, joignant les grands Augustins, aux deux Globes./Avec Privilege du Roy, pour Vingt Ans./1703/F.C. H. 57 cm, B. 87,7 cm (Bildgröße)

Die Karte reicht von Mannheim bis Zürich und von Saarburg bis Regensburg. Grenzen der Territorien in verschiedenen Farben markiert.»Die 1681 verabschiedete Reichskriegsverfassung, die einen Friedensfuß von 40 000 Mann, verteilt auf 10 Reichskreise vorsah, war . . . eine Organisation der kleineren Reichsstände, da der Kaiser und die großen Fürsten, die sogenannten ›Armierten‹, eigene Heere besaßen oder bald danach aufstellten. Besonders wichtig wurde die neue Regelung im südwestdeutschen Raum mit seinen zersplitterten Besitzverhältnissen. Die dortigen Kreistruppen bildeten die Kerntruppen Markgraf Ludwig Wilhelms im pfälzischen und spanischen Erbfolgekrieg. 1694 wurde ihm der Oberbefehl über die Truppen des schwäbischen Kreises für alle Zeiten zuerkannt« (Türkenlouis-Katalog Nr. 160).

Literatur: Türkenlouis-Katalog Nr. 183, 160

GLA Hfk Ab 34,2 (schwarz)

25 Karte des Oberrhein-Feldzuges von 1705

Zeichnung. Feder, braun; aquarelliert. Signiert Cyriacus Blödner. 1705. H. 58 cm, B. 70,5 cm

Die Karte reicht von Offenburg bis Weißenburg und von Pfalzburg bis Gernsbach. Die französischen Truppenlager sind blaugelb eingetragen, rotgelb die deutschen; die französischen Marschlinien gelb bezeichnet, rot die deutschen. Rastatt und Fort Louis in der rechten oberen Hälfte. Links oben Lorbeerkranz mit badischem Wappen und Inschrift; links und rechts unten Erläuterungen zu den numerierten Lagern.

Literatur: Türkenlouis-Katalog Nr. 200

GLA Hfk Bd. II,25

26 Karte der Bühler Linien

Zeichnung. Feder, braun, schwarz; aquarelliert. Major Albert Elster. 1703. H. 43,4 cm, B. 116,5 cm

»Links oben badiches Wappen und Widmung . . . Auf einem Streifen oberhalb der Karte noch ausführliche Widmung an Friedrich Magnus von Baden-Durlach unter Berufung auf den Vorfahren, der die ersten Bühler Linien anlegte . . . Die alten Bühler Linien mit römischen Ziffern bezeichnet, deren Erklärung auf einem Streifen unter der Karte, die neuen Linien mit Buchstaben bezeichnet, Erklärung auf einem Inschriftensockel am rechten Rande; dort außerdem Profil der Befestigung in der Ebene sowie im Gebirge . . . Bei Ausbruch des Spanischen Erbfolgekrieges setzte Markgraf Ludwig Wilhelm auch die Bühl-Stollhofener Linien wieder instand. In den ersten Kriegsjahren schützten diese Linien, die auch mit geringer Truppenzahl zu halten waren, die nördliche Markgrafschaft vor feindlichen Einfällen. Im Mai 1707 gelang es Villars, die Linien zu nehmen. Das Kompliment der Markgräfin Sibylla Augusta zu diesem Erfolg wehrte Villars mit der Bemerkung ab, ›es sei weiter nichts Rühmliches dabei, der Markgraf lebe ja nicht mehr‹. Die Funktion der Bühl-Stollhofe-

ner Linien wurde von den bald darauf angelegten Ettlinger Linien übernommen.«
(Türkenlouis-Katalog Nr. 192)

Literatur: Türkenlouis-Katalog Nr. 192

GLA Hfk Hd 69 (rot)

27 Karte der Ettlinger Linien

Zeichnung. Feder, grau und braun; aquarelliert. 1707. H. 40,4 cm, B. 90 cm

»Karte reicht von Mörsch bis Wolfahrtsweier, von Etzenroth bis Hagenbach. Links
unten bezeichnet. Auf den Höhen nördlich Ettlingen alliierte Truppenlinien eingezeichnet mit Angabe der Truppennamen. Die Ettlinger Linien waren als Ersatz für die
im Mai 1707, nach dem Tode Ludwig Wilhelms, durch Marschall Villars genommenen
Bühler Linien angelegt worden.« (Türkenlouis-Katalog Nr. 209)

Literatur: Türkenlouis-Katalog, Nr. 209

GLA Hfk Hd 73,9 (rot)

28 Die Friedensverhandlungen im Rastatter Schloß

Kupferstich. Um 1714. H. 17,6 cm, B. 27,3 cm (Bildgröße)

Links ist der Konferenzsaal im Rastatter Schloß dargestellt, wo Marschall Villars für
die französische und Prinz Eugen von Savoyen für die kaiserliche Seite die Friedens-
verhandlungen führen; rechts der Speisesaal. Darüber Ansicht des Rastatter Schlosses, bezeichnet »Das Schloß zu Rastadt« mit einem Schriftband, das links die Worte
»Das Conferenz-Zimmer«, rechts »Der Speis-Saal« zeigt.

Rastatt, StA K-178

29 Allegorie auf den Rastatter Frieden

Kupferstich. Bezeichnet unten »P. Decker invent et deline. Cum Priv. S.C. Majest. –
Ieremias Wolff excud. Aug. Vind.« Ganz unten rechts die Nr. »56«. H. 46 cm,
B. 38,5 cm (Bildgröße)

Rastatt, StA C-205

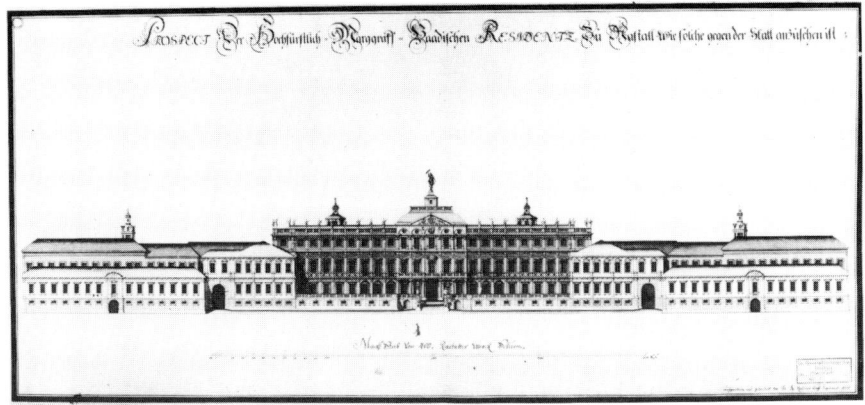

2 *Fassadenriß der Stadtfront des Rastatter Schlosses. 1733. – Kat. Nr. 33*

Die Bautätigkeit Sibylla Augustas

Die ersten Jahrzehnte des 18. Jahrhunderts waren für den gesamten Südwesten Deutschlands eine Zeit des Wiederaufbaus nach den Zerstörungen, die der Dreißigjährige Krieg (1618–1648) und die beiden Kriege gegen Frankreich (1688–1697 und 1701–1714) hinterlassen hatten. Überall wurden neue Residenzstädte gegründet und die zerstörten, mittelalterlich auf Anhöhen gelegenen Sitze aufgegeben. Die neuen Bauplätze in der Ebene ermöglichten die zeitgemäße Verbindung von Schloß, Park und Stadt nach dem Vorbild, das Ludwig XIV. in Versailles gegeben hatte.

Rastatt war die erste dieser Residenzgründungen. Hier wurde um 1700, nachdem Ludwig Wilhelm den Plan des Jagdschlosses zugunsten eines Residenzschlosses aufgegeben hatte, ein dreistrahliges Straßensystem angelegt, mit dem Schloß im Brennpunkt und einer quergelagerten Straßenachse, in der Rathaus und Kirche stehen sollten. Sibylla Augusta führte nach dem frühen Tod Ludwig Wilhelms den Bau der Stadt fort, sobald 1714 der Friedensschluß zu Rastatt die Voraussetzungen hierfür geschaffen hatte. Als neues Problem stellte sich die Umfriedung der Stadt. Der unter Ludwig Wilhelm angelegte Festungsgürtel war durch die Franzosen größtenteils geschleift worden, und die Bestimmungen des Rastatter Friedens verboten eine erneute Befestigung. Da eine Stadt nach

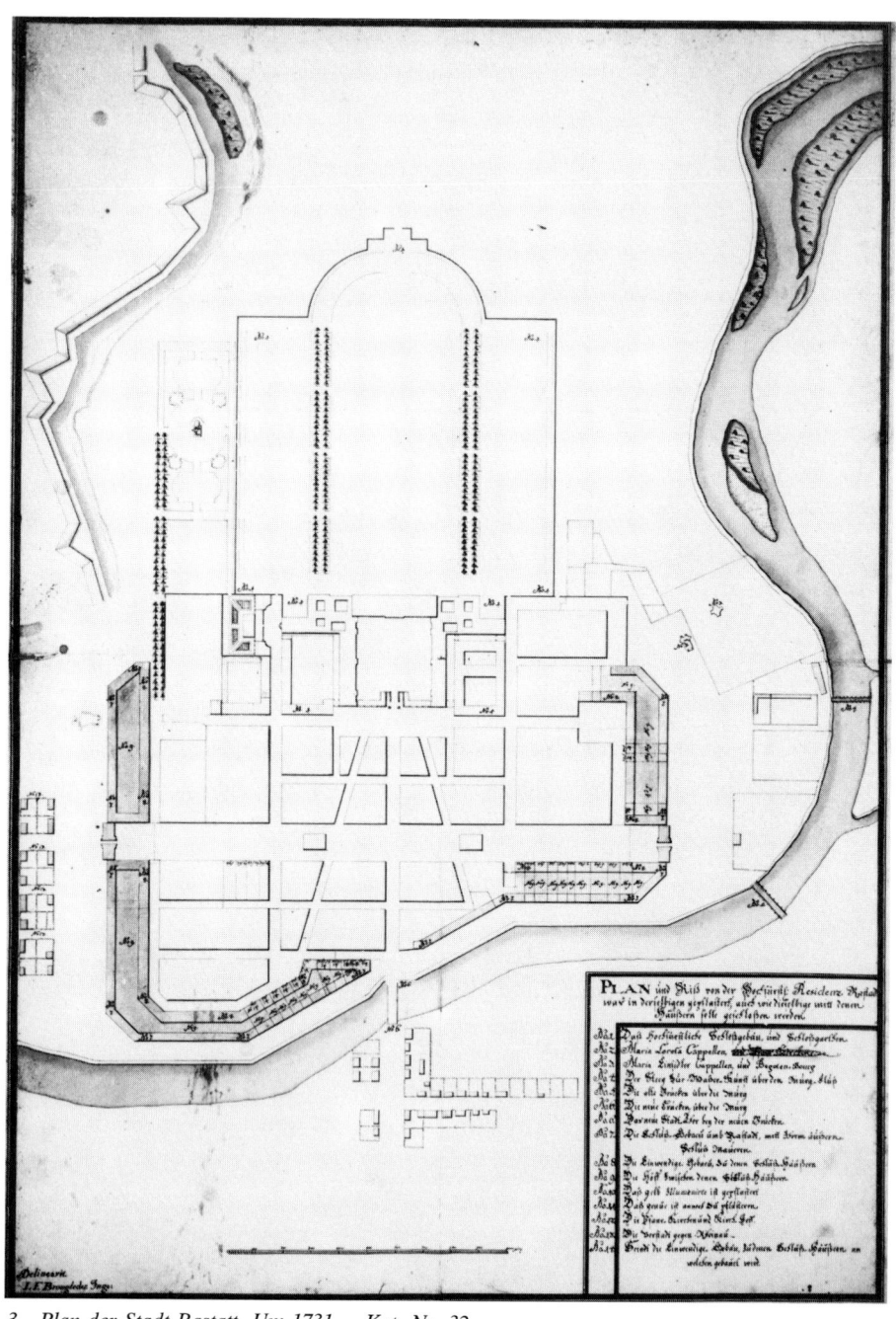

3 *Plan der Stadt Rastatt. Um 1731. – Kat. Nr. 32*

40

damaligem Verständnis jedoch einer ›Einfassung‹ bedurfte, beauftragte Sibylla Augusta ihren jungen böhmischen Architekten Michael Ludwig Rohrer, den sie 1707 an die Stelle des kostspieligen Domenico Egidio Rossi gesetzt hatte, mit der Lösung des Problems.

Die beiden ersten, um 1714/15 entstandenen Pläne Rohrers spiegeln die Absicht, die Stadt symmetrisch mit einem Häusergürtel und einer außen ringsum verlaufenden baumbestandenen Allee zu säumen (Kat. Nr. 30; ähnlich, jedoch ohne Umfassungsbauten mit gezackter, festungsähnlicher Einfassung durch eine Allee: Rastatt StA K-1513). Sein späterer Plan von 1722 sieht nur noch die »Circumferenz Heuser«, d. h. den Häusergürtel vor (Kat. Nr. 31, vgl. auch Abb. 3); er ragt nun auf der linken Hälfte asymmetrisch in den unteren Murgbogen hinein: wegen des gewachsenen Bedarfes an Bauplätzen ist hier erstmals das in den vorangegangenen Stadtplänen ausgesparte tiefliegende und sumpfige Gelände im unteren Murgbogen als Bauland eingetragen. Es wurde entwässert und aufgefüllt; hier durften nach Maßgabe Rohrers Fachwerkbauten errichtet werden, im Gegensatz zum übrigen Stadtgebiet, für das ausschließlich die modellmäßigen Steinhäuser zugelassen waren.

Die Lösung der auch den unteren Murgbogen ausnutzenden Umfassungsbauten war die vorteilhafteste, ihre Verwirklichung wurde angestrebt. So sind die »Circumferenz Heuser« auf allen nachfolgenden Stadtplänen eingetragen, am detailliertesten in dem von Ingenieur Brougleder 1731 gezeichneten Plan (Kat. Nr. 32, Abb. 3), der auch angibt, was in der Stadt noch zu pflastern sei. Bis diese Häuserreihen allerdings standen, mußte die Stadt provisorisch und wenig ansehnlich mit einem Palisadenzaun umgeben werden.

Sibylla Augusta förderte den Bau der modellmäßigen Häuser, die wegen ihrer repräsentativeren Wirkung für das Stadtbild, nicht zuletzt aber auch zur Verringerung der Brandgefahr aus Stein zu errichten waren, und bei deren Planung gesundheitspolitische Überlegungen zugrunde lagen:

» . . . so gehet mein fernere meinung dahin, daß alle häuser erstlich zue zweyen stöcken, jedoch der undere aus dem boden heraus wenigst 20 bis 30 schue hoch und der obere über 11 schue hoch sein solle, aber alles, was auf die gassen get, mit lauter stein solten gemacht und solche gebäw im dach zwerch oder länge der gassen nach gesezet werden aus volgenden ursachen 1) daß ein jedes haus sein durchstreichenden luft und liecht von vornen und hinden, 2) daß keine dem dachwerk sonst sehr schädliche wasserrünnen zwischen denen häuseren zue halten erfordert werden, 3) ein jedes haus

hinden ein höfel, mitels dessen dann 4) auch darinnen stallung und allenfals frstl. hof-, oder andere logirung haben kan und 5) plaz habe, den s. v. tung und mist hinden in das höfel und nicht vornen auf die gaß zue legen, 6) daß under den dachtrauf, welcher auf dise weiße vornen auf die gassen füele, in ermanglung kupfers vornen am dach mit kupferfarb angestrichene rünnen gemacht und zue regenwetters zeiten dannoch die gassen schön und sauber gehalten, sodann 7) durch die mithin erhaltene höflin auch etwas von vich und geflügel erzogen werden könte.«[1]

In dem um 1731 entstandenen Stadtplan des Ingenieurs Brougleder (Kat. Nr. 32, Abb. 3) sind alle Bauten zu erkennen, die Sibylla Augusta während ihrer Regierungszeit zwischen 1707 und 1727 in Rastatt errichten ließ oder an deren Erbauung sie teilhatte: das noch unter Ludwig Wilhelm vollendete, 1705 von der markgräflichen Familie bezogene Residenzschloß mit der 1719 begonnenen Hofpfarrkirche und dem gegenüberliegenden Hofpfarrhaus (Brougleder-Plan, Nr. 1), die etwa gleichzeitig mit der Schloßkirche entstandene Maria-Loreto-Kapelle (Brougleder-Plan, Nr. 2), das Rathaus (im Brougleder-Plan o. Nr.), dessen Grundstein 1716 gelegt worden ist[2], sowie die 1715 gestiftete Kapelle Maria Einsiedeln und die 1722 begonnene Pagodenburg (Brougleder-Plan, Nr. 3). Andere wichtige Gebäude der Stadt, wie die Stadtpfarrkirche und die Franziskanerkirche gehen auf die Initiative Ludwig Wilhelms bzw. Ludwig Georgs zurück. Ein von Sibylla Augusta 1718 an der Stelle der späteren Wilhelms-Kaserne begonnener Kollegiumbau für die 1715 nach Rastatt berufenen Piaristen mußte aus finanziellen Gründen hinter anderen Projekten zurückstehen und wurde 1719 schließlich aufgegeben.

Außerhalb des damaligen Rastatt hatte Sibylla Augusta bereits 1710 mit dem Bau der Favorite, ihres Sommerschlosses, begonnen, und auf dem Fremersberg bei Baden-Baden entstand 1720–21 für ihren jagdfreudigen Sohn Ludwig Georg ein Jagdschloß, dessen Grundriß die Form des Hubertusordens zeigt.

Das unter Ludwig Wilhelm als Jagdschlößchen errichtete Schloß Scheibenhardt bei Bulach ließ Sibylla Augusta um ein drittes (im 19. Jahrhundert wieder entferntes) Geschoß erweitern und durch Nebengebäude ergänzen. Das Schloß sollte Ludwig Georg als Jagdaufenthalt und ihr

---

1 Denkschrift des Badener Amtmannes Johann Weiss vom 19. Dezember 1691, in: Hans Rott, Baden-Baden im 16. und 17. Jahrhundert, ZGO 80, 1928, S. 79. Diese auf den Wiederaufbau von Baden-Baden bezogenen Worte gelten ebenso für die modellmäßigen Häuser der 1700 zur Residenzstadt erwählten Stadt Rastatt.
2 Nach den Recherchen von Herrn Wolfgang Reiß, Stadtarchivar, Rastatt.

selbst als Treffpunkt mit dem in Bruchsal residierenden Kardinal Damian Hugo von Schönborn dienen, ihrem engsten Vertrauten und Berater. Die beiden frühesten Bauten Sibylla Augustas stehen in Schlackenwerth, ihrer böhmischen Heimat. Hier entstand bereits 1691 nach einem gefährlichen Brand eine dem hl. Florian geweihte Kapelle, und 1709 stiftete sie eine Maria Einsiedeln Kapelle, die nach dem Vorbild der von ihr oft besuchten Wallfahrtskapelle Maria Einsiedeln in der Schweiz erbaut wurde. Die letzten Zeugnisse ihrer Bautätigkeit befinden sich in Ettlingen, wohin sie sich ab 1727 zurückzog. Hier ließ sie zwischen 1728 und 1733 das durch Brand beschädigte Schloß ausbauen und ihm eine dem hl. Johannes von Nepomuk geweihte Kapelle einfügen; deren Ausmalung schuf der berühmte Maler Cosmas Damian Asam.

Die gleichfalls noch vom Krieg zerstörte Martinskirche, in deren Chor unter freiem Himmel 1702 ihr Sohn Ludwig Georg Simpert getauft worden war, wurde mit ihrer Hilfe wieder instand gesetzt.

Baumeister für alle diese Bauten war der 1683 in Böhmen geborene Michael Ludwig Rohrer; schon dessen Vater hatte als Zimmer- und Brunnenbaumeister für Ludwig Wilhelm gearbeitet. Michael Ludwig war wie sein jüngerer Bruder Peter Ernst zum Architekten ausgebildet worden und hatte unter Rossi bereits am Schloßbau in Rastatt mitgewirkt. Die Umgestaltung von Teilen des Schlosses und die Behebung der Bauschäden – verursacht durch das Einlegen von zu frischem Holz während der extrem kurzen Bauzeit – waren seine ersten Aufgaben, nachdem Sibylla Augusta ihn im Jahr 1707, kurz nach dem Tod Ludwig Wilhelms anstelle Rossis zum leitenden Baumeister ernannt hatte. Er nahm vor allem am Mittelbau des Schlosses Veränderungen vor, der unter seiner Leitung einen neuen Dachaufbau erhielt, bekrönt ab 1722 durch die vergoldete Jupiterfigur. Der »Sibyllenbau«, Sibylla Augustas Räume im nördlichen Gartenflügel, erhielt seine endgültige Gestalt nach Erweiterungsarbeiten unter Rohrer. Diese Arbeiten am Schloß fanden in der Zeit von 1707 bis 1714, noch vor dem Rastatter Frieden statt.

Bereits im Jahr 1710 nahm Sibylla Augusta den Bau der Favorite, ihrer Sommerresidenz, in Angriff. Das Gelände hierfür hatte sie schon 1707 mit dem Plan, hier einen Lustgarten anlegen zu lassen, von Kuppenheimer Bürgern gekauft. Die 1711 unter Dach gebrachte »Favorita« war nach den neueren Ergebnissen der Denkmalpflege jedoch noch nicht identisch mit dem heute bestehenden Sommerschloß: dessen Keller ist zu beiden

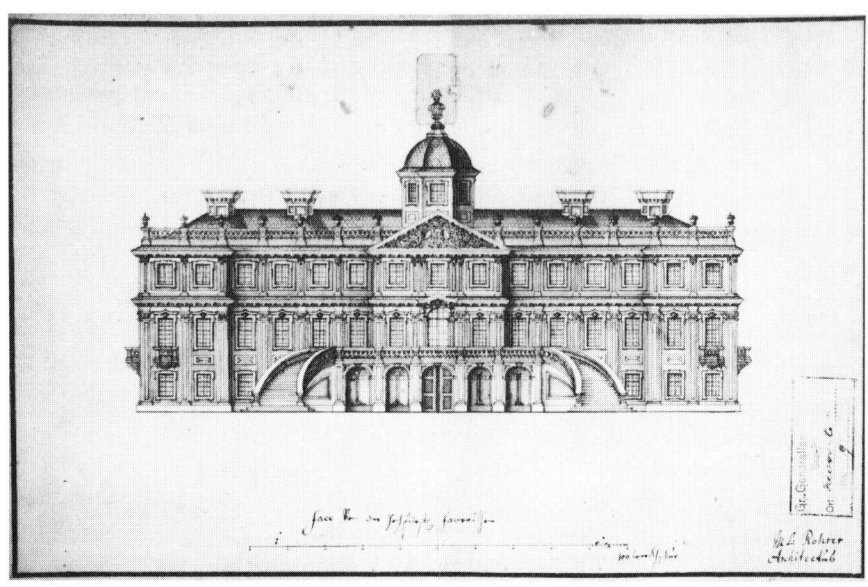

4 *Fassadenriß des Schlosses Favorite. 1710–1720. – Kat. Nr. 46*

Seiten um je zwei Achsen kürzer als das darüber errichtete Gebäude. Das 1711 aufgeführte Gebäude muß ein kleinerer Vorläuferbau der heutigen Favorite gewesen sein; er enthielt bereits den durchgehenden Mittelsaal, war aber wohl nur als Gartenhaus, nicht für einen längeren Aufenthalt gedacht. In den folgenden Jahren wurde dieses Gartenhaus zu dem heute bestehenden Sommerschloß erweitert. Die von Michael Ludwig Rohrer erhaltenen Baupläne zur Favorite (Kat. Nr. 43–46, Abb. 4) müssen aus dieser Zeit stammen. Die Abfolge von zwei Bauphasen macht den großen Zeitabstand zwischen Baubeginn im Jahr 1710 und den Ausstattungsarbeiten im Inneren verständlich, die sich, anders als bisher angenommen, etwa zeitgleich mit denen in der Rastatter Schloßkirche, bis in das zweite Jahrzehnt des 18. Jahrhunderts erstreckten.

Der durch alle Geschosse gehende, von einer Laterne bekrönte Saal ist der zentrale Raum der Favorite. Sein Vorbild ist der Mittelsaal des 1673 durch Abraham Leuthner errichteten Schlackenwerther Gartenhauses mit seinen Grottennischen in den Ecken und der in Höhe des ersten Obergeschosses umlaufenden, von Balustraden gesäumten Galerie. Rohrer hat diesen Bau gut gekannt; er blieb überhaupt zeitlebens der Architektur seiner böhmischen Heimat eng verbunden, mit den klaren, etwas gedrun-

44

genen Proportionen seiner Bauten und der kräftigen Gliederung durch Pilaster und Gesimse.

Dem Mittelbau der Favorite vorgelagert, führt an der Vorderfassade eine geschwungene, doppelläufige Treppe zur Beletage, sie erspart ein aufwendiges Treppenhaus im Inneren. Hier im ersten Obergeschoß gehen die Zimmer der Markgräfin auf der rechten und die des Erbprinzen und späteren Markgrafen auf der linken Seite symmetrisch von der Galerie des Mittelsaales aus. Im Erdgeschoß sind die Wirtschaftsräume untergebracht, mit der »schönen Kuchel« als Glanzstück. Hier wurde nicht gekocht, sondern das kostbare Geschirr und Küchengerät ausgestellt und aufbewahrt. Das zweite Obergeschoß bot dem Hofstaat Unterkunft. Außen zeigt das Gebäude einen Bewurf von Kieselsteinen, der wohl durch Schlackenwerther Gartenarchitekturen angeregt ist.

Berühmt ist die Favorite, das »älteste deutsche ›Porzellanschloß‹«, vor allem wegen ihrer überaus kostbaren Innenausstattung, die schon zu Lebzeiten der Markgräfin bewundert wurde. Die Vorliebe Sibylla Augustas für alles Kunsthandwerkliche fällt bei allen ihren Bauten auf und ist das eigentlich Charakteristische, das ihre Bauten von denen unserer Kunstlandschaft abhebt. Wie wir aus ihrem »Handschrein«, einer Sammlung von Koch-, Schönheits-, Gesundheits- und kunsthandwerklichen Rezepten wissen, war Sibylla Augusta selbst in der Ausübung verschiedenster kunstgewerblicher Techniken bewandert. Die darin enthaltenen Rezepte, z. B. wie Achat zu färben sei, wurden schon von ihren Zeitgenossen mit Staunen vermerkt. Das Interesse an dererlei Dingen mag Sibylla Augusta durch ihren Vater, Herzog Julius Franz vermittelt bekommen haben, der sich selbst mit Naturwissenschaften, insbesondere mit der Herstellung von Rubinglas, befaßt hatte. Sicherlich geht ihre Freude an farbigen, kostbar ausgestatteten Gegenständen auf ihre böhmische Heimat zurück: schwere, satte Farben und überaus reiche Verzierung kennzeichnen das dortige Kunsthandwerk.

1718 entstand im Park der Favorite eine der hl. Magdalena geweihte Eremitage, ein kleiner Zentralbau mit sechs Nischen um einen achteckigen Mittelraum. Eine der Nischen war mit einer heute noch erhaltenen geflochtenen Matte und einem Totenkopf als Schlafraum eingerichtet. Eine andere diente als Eßraum; hier saß die Heilige Familie – fast lebensgroße, bekleidete Holzfiguren mit Händen und Köpfen aus Wachs – um einen Tisch, der auch für Sibylla Augusta einen Platz freiließ. Diese Art, das Leben Christi mit Hilfe von lebensnahen Figuren und

Requisiten nachzuvollziehen, wurzelt ursprünglich in der franziskanischen Frömmigkeit. So hatte Franz von Assisi, der Christi Leben und Passion nacheiferte, erstmals an Weihnachten 1223 die Geburt Christi nachgestellt, mit einer heugefüllten Krippe, Ochse und Esel. In der besonders in Böhmen stark ausgeprägten Bewegung der Gegenreformation lebte diese mystische, von starkem Realismus und dem Bedürfnis nach unmittelbarer Teilnahme geprägte Religiosität wieder stark auf; Sibylla Augustas Frömmigkeit ist vor diesem Hintergrund zu verstehen.

Nach einer Romreise im Sommer des Jahres 1719 begann Sibylla Augusta im Rastatter Schloß mit dem Bau der Heiligen Stiege, die zwischen dem »Sibyllenbau« und der im gleichen Zuge entstandenen Hofkirche Heilig Kreuz liegt. Sie führt mit 28 Stufen, von denen drei durch kleine Reliquienkästchen aus Messing besonders ausgezeichnet sind, zum Sanctuarium. Die einstige kostbare Ausstattung dieses Andachtsraumes ist heute fast völlig verloren. Im Vorraum steht eine Nachbildung des Säulenstumpfes, der in Rom als Geißelsäule Christi verehrt wird. Der Altar des Sanctuariums mit der Alabasterfigur Christi als Schmerzensmann ist noch heute erhalten. Die übrige Ausstattung läßt sich nur noch rekonstruieren. Eine Muttergottes mit dem Jesuskind aus Elfenbein auf silbernem Sockel stand auf einem Seitenaltar links daneben: *»Maria trug eine silbernvergoldete Krone, die mit Rosetten von 12 Smaragden und 8 Diamanten besetzt war; in der Hand hielt sie eine Traube aus Perlen. Das Christuskind hatte ein mit Diamanten besetztes Blümlein in Händen. Das silberne Postament war mit einem Engelskopf geschmückt und von goldgeschmelzter freigearbeiteter Blumenarabeske umschlungen. Darin befand sich, von 26 echten Perlen gefaßt, eine kleine Reliquie des »Schleiers Mariae«, von dem Sibylla ein Partikelchen aus Italien heimgebracht hatte. An der Elfenbeinstatuette hing ein ›Rosenkränzel von Glaskomposition‹, daran sich ein großer antiker Onixstein in Form einer Eichel befand, worauf zwei Köpfe geschnitten; die 8 silbernen Vaterunserperlen waren mit 24 Rosettdiamanten besetzt, daran ferner 8 silberne Anhänger mit 63 Stück Diamanten . . . Die Altardecke war von rotem Samt, mit silbernen Spitzen garniert und reich bestickt. Die ewige Lampe in Form eines Ankers war messing-vergoldet und mit silbernem Laubwerk verziert. Desgleichen zwei silberne Leuchter auf Herzpostamenten. Das Altarkruzifix war von Messing auf schwarzgebeiztem Holz. Fünf Rosenkränze aus Jaspis, Korallen, weißem Achat, Lapis Lazuli mit silbernen Perlen und Filigran-Anhängern, wohl Weihegaben der markgräflichen Familie, hingen beim Altar. Der Boden der Kapelle* *war mit einem Wollteppich belegt. Die Sockel der Kapellenwände sind heute noch holzvertäfert und mit Blumen bunt bemalt, die fehlenden Mittelstücke dieser Täferung enthielten Reliquien. Die Seitenwände des kleinen Raumes waren bis zur Decke mit Stoffspalier bespannt aus roten, weißen und geblumten Samtbahnen. Die Decke, gewölbt als Himmelskuppel, war mit dunkelblauem Seidensamt belegt und mit plastischen goldenen Sternen besteckt; in der Mitte das Gottesauge. Auch das Deckengesims ist mit rotem Samt überzogen . . . Die beiden Fenster waren mit weißen Leinenvorhängen verhängt; ihr Licht wurde durch am Baldachin-Altar hochsteigende goldene Wolkenattrappen gedämpft.«[1]*

Das Vorbild der Heiligen Stiege, die »Scala Santa« im Lateranpalast des Papstes in Rom gilt als die Treppe, auf der Christus nach der Geißelung von Pilatus emporgeführt und dem Volk zur Entscheidung über seine Kreuzigung präsentiert wurde. Der Legende zufolge soll Kaiserin Helena, die Mutter Kaiser Konstantins, diese Treppe aus Jerusalem nach Rom gebracht haben. Im 17. und 18. Jahrhundert wurden eine Reihe von Nachbildungen der »Scala Santa« geschaffen. Sibylla Augusta dürfte diejenigen in Wien und Prag gekannt haben. (Diese besitzen allerdings, anders als das römische Vorbild und auch die Rastatter Stiege, jeweils eine bühnenartige Fassade mit den Figuren von Christus, Pilatus und den Schergen.) Die »Scala Santa« im Lateranpalast führt in die päpstliche Hauskapelle, die Capella Sancta Sanctorum, in der die kostbarsten Reliquien aufbewahrt wurden. Entsprechend mündet die Rastatter Stiege in das einst mit wertvollen und kostbar gefaßten Reliquien ausgestattete Sanctuarium. Die Heilige Stiege durfte nur auf Knien und ohne Waffen betreten werden, wie der heute noch im Eingangsgewölbe erhaltene Text der Papstbulle fordert; eine schmalere Treppe für den profanen Gebrauch begleitet sie. Die Heilige Stiege war den Gläubigen zur Passionsandacht auch öffentlich zugänglich, man betrat sie durch das Eingangsportal an der Schloßgartenseite. Die Ablaßtafel, die den vollkommenen Ablaß beim Besteigen der Treppe an vier hohen Feiertagen gewährt und einen »Ablaß von 100 Tagen bei sonstigem Besteigen«, hängt noch heute an der Tür, die vom Vorraum des Sanctuariums aus in den »Sibyllenflügel« führt. Ölgemälde mit Szenen aus der Passion Christi, die heute stark nachgedunkelt und im unteren Teil zerrissen sind, begleiteten die Gläubigen an den Wänden rechts und links der Stiege bei ihrer Andacht. Am Sonntag, dem

---

1 G. F. Kircher, Scala Santa, S. 105 f.

21. Januar 1720, dem 45. Geburtstag Sibylla Augustas, fand die Einweihung der Heiligen Stiege und des Sanctuariums statt. In einer feierlichen Prozession, deren kreuzförmigen Verlauf ein Kupferstich überliefert (Kat. Nr. 89), wurden die aus Rom mitgebrachten Reliquien durch die Stadt getragen und im Sanctuarium beigesetzt.

Am 27. Januar schließlich endeten die Feierlichkeiten mit der Grundsteinlegung für die Hofpfarrkirche Heilig Kreuz (Kat. Nr. 58). Diese war von Rohrer zusammen mit der Anlage der Heiligen Stiege geplant worden. Möglicherweise gingen der Grundsteinlegung bereits vorbereitende Bauarbeiten voraus, denn schon im September 1720 setzen die Berichte Franz Pflegers zur Innenausstattung ein. Die Kirche fügt sich als einschiffiger Raum mit erhöht liegendem, bühnenartigem Chor dem von Rossi vorgegebenen Ausmaß der Schloßanlage ein. Ein Entwurf Rohrers, der eine dreigeschossige Wandgliederung vorsah, mit der die Kirche den übrigen Schloßbau überragt hätte (Kat. Nr. 36), wurde verworfen. Der ausgeführte Bau zeigt zwischen weit vorgezogenen Wandpfeilern mit Durchgängen jeweils zwei Fenster übereinander.

Zwei auf ein Blatt gezeichnete Grundrisse Rohrers (Kat. Nr. 37, Abb. 6) geben die Raumgliederung der gesamten Anlage in Höhe des Erd- und des Emporengeschosses wieder, so wie sie dem ausgeführten Bau entspricht. Der Kirchenraum mit allen Einzelheiten seiner Ausstattung, die Heilige Stiege, alle Kapellen- und sonstigen Räume sind hier eingetragen und in der ausführlichen Beschriftung am unteren Rand des Blattes aufgeführt. Die Kirche sollte als Hofpfarrkirche auch der Gemeinde zugänglich sein und damit das Gelübde Ludwig Wilhelms erfüllen: er wollte in Rastatt eine Kirche errichten, wenn ihm ein lebensfähiger männlicher Nachfolger geboren würde. Im Juni 1702, dem gleichen Monat, als in Ettlingen der spätere Markgraf Ludwig Georg Simpert zur Welt kam, hatte Ludwig Wilhelm den Grundstein zur heutigen Stadtpfarrkirche St. Alexander gelegt. Der Spanische Erbfolgekrieg verhinderte jedoch eine zügige Erbauung der Kirche; ab 1707 blieben mit dem Tod des Markgrafen die Arbeiten daran vorerst liegen, und die Gläubigen waren weiterhin auf die baufällige »Alte Pfarrkirche« (die spätere Bernharduskirche) angewiesen. Der Markgraf hatte Sibylla Augusta die Erfüllung des Gelübdes übertragen. Sie wollte jedoch, statt die kaum in Angriff genommene Kirche zu vollenden, lieber ihre in Rom gesammelten Anregungen in einen ganz eigenen Bau umsetzen und zugleich dem Schloß, das bislang nur zwei kleine Kapellenräume besessen hatte, eine richtige

5 Fassadenriß der Hofpfarrkirche. Um 1730–40. – Kat. Nr. 35

Kirche anfügen. Indem sie diese Kirche als Pfarrkirche der Gemeinde öffnete, glaubte sie, das Gelübde erfüllt zu haben. Die Bürgerschaft wünschte jedoch die Vollendung der großen Stadtpfarrkirche und drängte auf deren Weiterbau. Markgraf Ludwig Georg gab schließlich den wiederholt gestellten Anträgen statt; unter seiner Regierung wurde der Bau wieder aufgenommen und konnte 1764 unter August Georg endlich geweiht werden.

Die Hofpfarrkirche zeichnet sich – wie alle Bauten Sibylla Augustas – durch ihre in Reichtum und Originalität einzigartige Innenausstattung aus. Die Arbeiten hieran leitete der aus Böhmen stammende Franz

49

6 *Grundrisse der Hofpfarrkirche in Höhe des Erd- und des Emporengeschosses. Um 1719. – Kat. Nr. 37*

Pfleger, der auch für die Ausstattung der Favorite maßgeblich war. Er lieferte selbst Entwürfe und beaufsichtigte die Handwerker und Künstler. Wie wir aus den Berichten wissen, die Pfleger zwischen 1720 und 1721 an Sibylla Augusta nach Schlackenwert sandte, begleitete sie diese Arbeiten mit lebhaftem und kritischem Interesse. Die Altäre der Schloßkirche wie auch der des Sanctuariums sind mit Intarsien in Scagliola- und Pietradura-Technik (Einlegearbeiten aus gefärbtem Stuckmarmor bzw. bunten Halbedelsteinen) verziert. Diesen Schmuck liebte Sibylla Augusta offenbar besonders; er fällt auch in der Favorite auf, wo sogar die Fußböden der beiden Appartements in der Beletage mit Scagliola-Arbeiten versehen sind.

Einzigartig ist der textile Wandschmuck der Wandpilaster in der Schloßkirche. Sie tragen eine Verkleidung aus weißseidenen Stoffbahnen, auf die farbige Räucherampeln, Blumenkörbe, flammende Herzen und ein alles rahmendes Bandelwerkornament appliziert sind. Die einst kräftigen Farben dieser Panneaux sind heute fast völlig verblaßt.

Die Marmorsäulen des Hauptaltars bergen eine Besonderheit; sie können mit Hilfe eines Kerzenaufzuges von innen beleuchtet werden.

Aus den Berichten Pflegers wissen wir, daß der Bildhauer Möckel Schnitzarbeiten in der Kirche ausführte (Kat. Nr. 57). Die Altarbilder lieferte der in Prag ansässige Maler Johann Onghers. Aus Prag, von Sibylla Augusta selbst angeworben, kam auch Johann Hiebel, der das Deckengemälde der Schloßkirche schuf. Es stellt die Legende der Kreuzauffindung durch Kaiserin Helena dar und zeigt die Kaiserin mit den Zügen Sibylla Augustas.

Im Mai 1723 konnte Fürstbischof Damian Hugo von Schönborn die Kirche weihen. Dieser baufreudige Fürstbischof nahm regen Anteil an Sibylla Augustas Bautätigkeit. Er lieh sich zeitweise ihren Hofbaumeister Michael Ludwig Rohrer für Arbeiten an seinem Bruchsaler Residenzschloß aus; Rohrer schuf für ihn auch das dortige Damianstor sowie eine Eremitage in Waghäusel, die Sibylla Augusta öfters besuchte.

Franz Pfleger, Sibylla Augustas leitender Innenarchitekt, war der erste, der in der neuen Hofpfarrkirche heiratete; sein Name ist auf der ersten Seite des heute in St. Alexander verwahrten Kirchenbuches eingetragen.

1726 erbaute Rohrer gegenüber der Hofpfarrkirche das zugehörige Hofpfarrhaus. Die Pläne für dieses zweigeschossige Gebäude haben sich in den Bauakten erhalten (Kat. Nr. 38–40, Abb. 7). Es umfaßte zu beiden Seiten des Mittelportals je zwei Fensterachsen und bot den Piaristenpatres

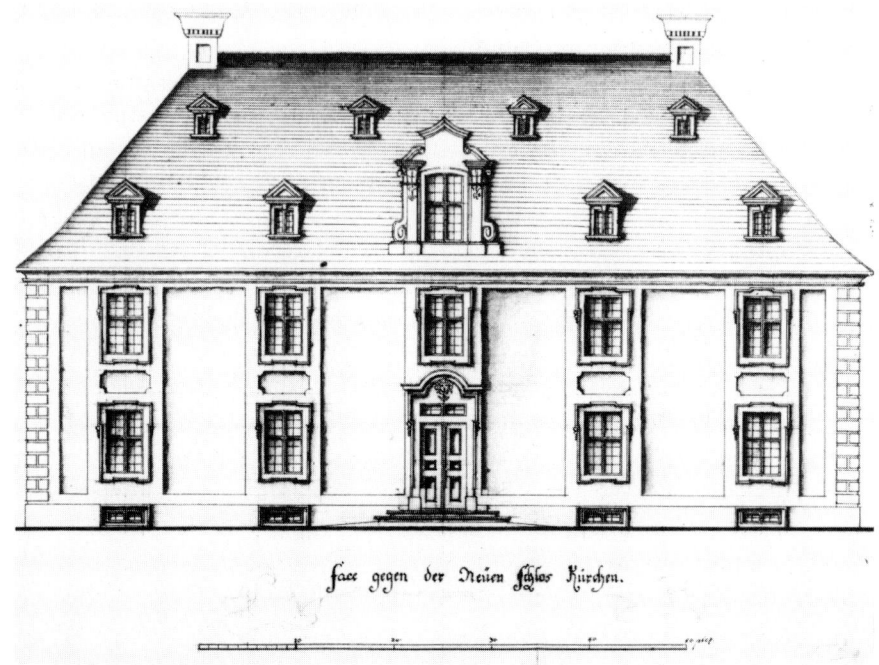

face gegen der Neuen Schloß Kirchen.

7 *Fassadenriß des Hofpfarrhauses. Um 1726. – Kat. Nr. 38*

Unterkunft. Unter Sibylla Augustas Sohn Ludwig Georg wurde das Gebäude erweitert (Kat. Nr. 41): die Piaristen erhielten nun endlich ihren Kollegiumbau, der 1718 an anderer Stelle über die ersten Anfänge nicht hinausgekommen war. Das ehemalige Hofpfarrhaus ist heute noch als Mittelbau des Ludwig-Wilhelm-Gymnasiums erhalten.
Etwa gleichzeitig mit der Hofpfarrkirche wurde zwischen 1721 und 1722 im Schloßgarten hinter dem »Sibyllenflügel« eine kleine Marienkapelle erbaut, die im 19. Jahrhundert abgebrochen wurde und uns nur noch im Grundriß überliefert ist (im Brouglederplan, Kat. Nr. 32, als Nr. 2 eingetragen). Sie entstand als Nachbildung der berühmten Wallfahrtskapelle »Casa Santa« in Loreto in Oberitalien. Der Legende nach soll dieses »Heilige Haus« von Maria bewohnt und durch Engel aus Nazareth nach Italien gebracht worden sein. Die Anregung für diesen Kapellenbau mag Sibylla Augusta von ihrer Italienreise mitgebracht haben; es liegt jedoch sehr nahe, daß er eine Erinnerung an ihre Heimat ist: auf dem Prager Hradschin gibt es eine 1664 von Benigna Catharina von Lobkowitz

52

gestiftete Loretokapelle, die im 17. und frühen 18. Jahrhundert mit einem großen Kloster umgeben worden ist.

Als erstes Gebäude nach Abschluß des Rastatter Friedens stiftete Sibylla Augusta die Kapelle Maria Einsiedeln. Den Grundstein legte sie am 31. März 1715 (Kat. Nr. 55), und noch im gleichen Jahr wurde die auf einer Anhöhe innerhalb des damaligen Schloßparkes gelegene Kapelle vollendet. Vorausgegangen war diesem Bau die bereits 1710 in Schlackenwerth errichtete Einsiedelner Kapelle – beide gehen auf das Vorbild der von Sibylla Augusta häufig besuchten Wallfahrtskapelle Maria Einsiedeln in der Schweiz zurück. Im Jahr 1709 erbat sie von Abt Maurus die Pläne der Schweizer Kapelle, nach denen die in Schlackenwerth unter dem dortigen Baumeister Johann Michael Sockh entstand. Das hochverehrte Gnadenbild wurde, ebenso wie in der späteren Rastatter Kapelle, als Kopie auf dem Altar aufgestellt. Die Rastatter Kapelle muß nach denselben, heute nicht mehr erhaltenen Plänen erbaut worden sein. Sie unterscheidet sich von der in Schlackenwerth vor allem durch die Apsiden im Osten und einen darunter liegenden kryptenartigen Raum, der »Bethlehemkapelle«. Hier war die Geburt Christi durch Figuren des Bildhauers Joseph Martin Motsch, der auch die Fassadenreliefs schuf, vergegenwärtigt. Diese Ausstattung ging verloren, nachdem der Raum ab 1742 den Piaristenpatres als Grablege diente. Mit dem Bau der beiden Einsiedelner Kapellen wie auch der Loretokapelle und der Heiligen Stiege folgte Sibylla Augusta der Tradition, heilige Stätten und besonders verehrte Gnadenbilder nachzubilden, um so an deren Heilswirkung ständig teilzuhaben.

Nicht weit von der Einsiedelner Kapelle entfernt, ließ sich Sibylla Augusta 1722 von ihrem Hofbaumeister Rohrer die Pagodenburg errichten. Die Anregung für diesen Gartenpavillon hatte sie von einer Reise nach München an den Hof des Kurfürsten Max Emmanuel mitgebracht. In einem Brief an den Kurfürsten erbat sie die Pläne der Münchner Pagodenburg im Nymphenburger Park, für die sie sich in einem Schreiben vom 25. April 1722 bedankte. Diese Pläne haben sich erhalten (Kat. Nr. 48); sie zeigen, daß man dem Vorbild sehr genau gefolgt ist. Anders ist lediglich die Dachlösung: die Rastatter Pagodenburg ist nicht wie die in München flach gedeckt. Über die Arbeiten an der heute verlorenen Innenausstattung ist wenig überliefert. Wir wissen aus den Akten, daß 1725 der Stukkateur Johannes Binz im »schwarzen Zimmer« des oberen Geschosses gearbeitet und sich beklagt hat, daß die Arbeiten in der

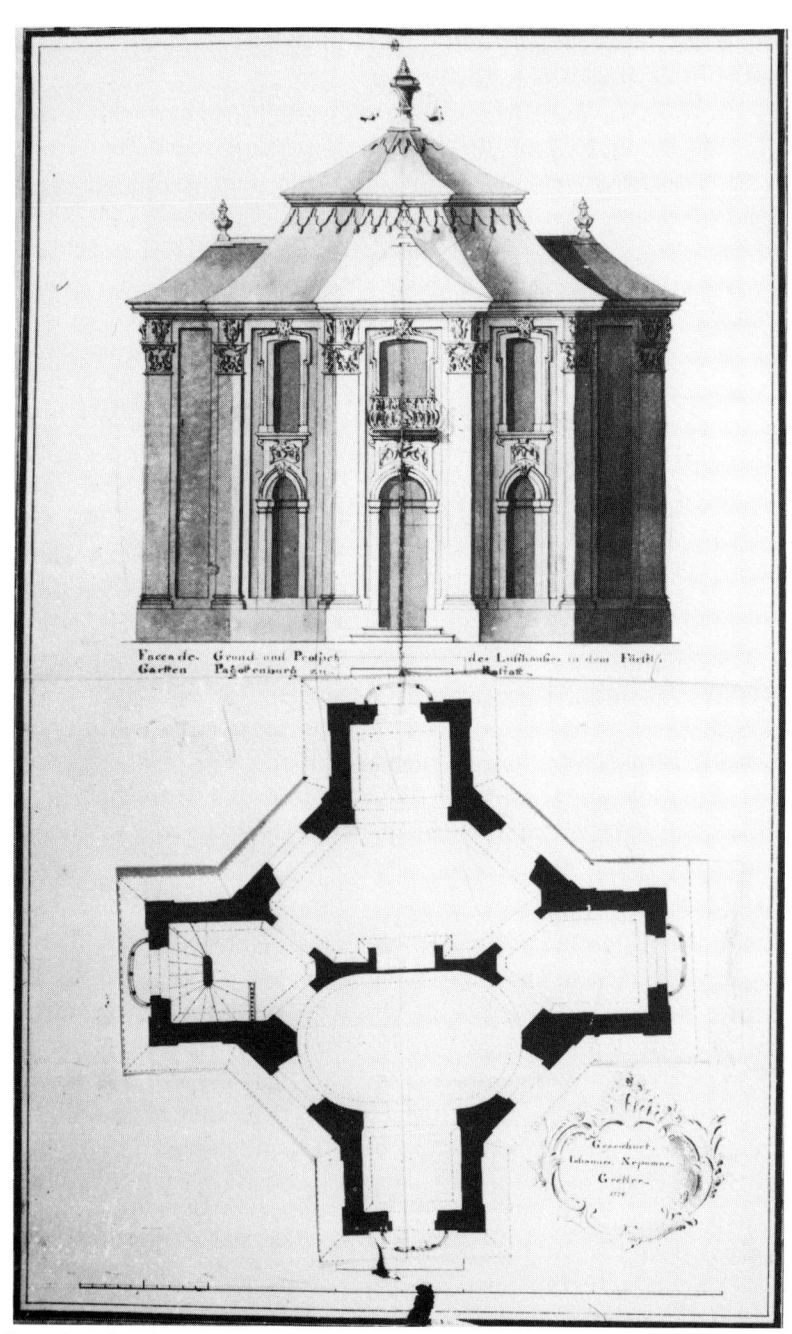

8   *Fassadenriß und Grundriß (Obergeschoß) der Pagodenburg in Rastatt. 1778. – Kat. Nr. 49*

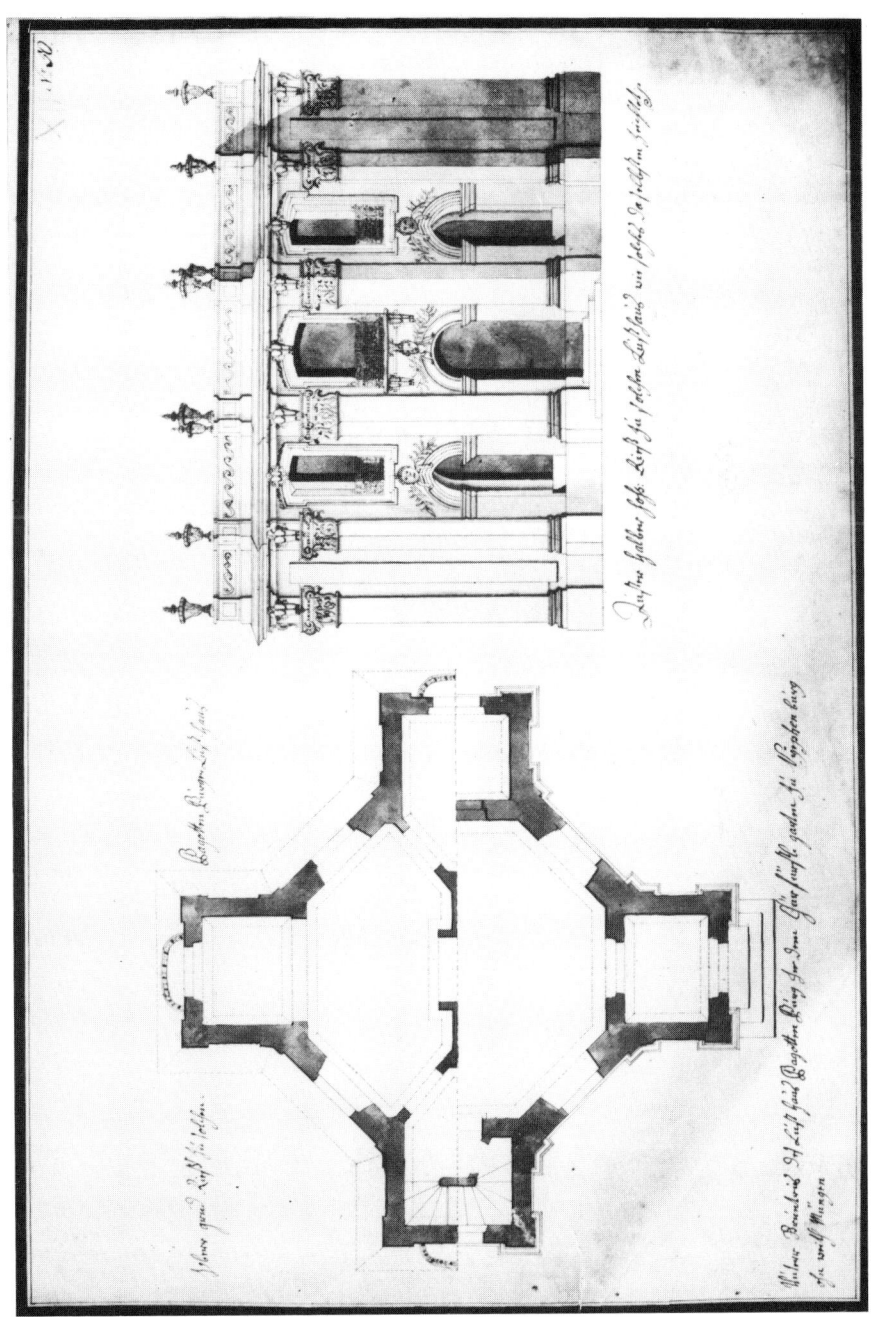

9   Grundriß und Fassadenriß der Pagodenburg in München. Anfang 18. Jhd. – Kat. Nr. 48

55

Pagodenburg nicht, wie sonst üblich, zügig vorangingen. Die Bezeichnung »schwarzes Zimmer« läßt darauf schließen, daß für das Obergeschoß der Pagodenburg ein Lackkabinett vorgesehen und begonnen war.

Die in der zweiten Hälfte des Jahrzehnts noch nicht vollendete Pagodenburg beschließt Sibylla Augustas Bautätigkeit in Rastatt. Ihre Aktivität konzentriert sich auf den Beginn der zwanziger Jahre des 18. Jahrhunderts, als sich die politische Lage nach dem Rastatter Frieden konsolidiert hatte und die ersten Regierungserfordernisse zum Wiederaufbau des Landes erfüllt waren. Unter ihrer Regierung wurde nicht nur die von Ludwig Wilhelm vorgezeichnete Residenzstadt weiter ausgebaut und mit einem Rathaus ausgestattet, Sibylla Augusta hat auch das von Ludwig Wilhelm hinterlassene Schloß mit den zu einer Residenz gehörenden Bauten ergänzt: einer Schloßkirche mit Pfarrhaus, zwei Kapellen, einem Gartenpavillon sowie einer Sommerresidenz mit Eremitage. Sie hat damit ein Ensemble geschaffen, das in seiner Vollständigkeit, vor allem im Erhaltungszustand der Innenausstattungen, ein herausragendes kulturgeschichtliches Zeugnis ist.

30 Plan der Stadt Rastatt

Feder, schwarz und rot; aquarelliert. Michael Ludwig Rohrer. Um 1714/15. Oben beschnitten; H. 36,8 cm, B. 59,4 cm

Der Plan beschäftigt sich mit dem Problem, der Stadt eine neue Umfriedung zu geben, nachdem die unter Markgraf Ludwig Wilhelm geschaffene Festungsanlage durch die Franzosen geschleift worden war, und die Bestimmungen des 1714 abgeschlossenen Rastatter Friedens eine erneute Befestigung der Stadt untersagt hatten. Er zeigt Schloß und Stadt mit der geplanten symmetrischen Umfriedung durch einen Häusergürtel und eine breite Allee; der obere Teil mit der Darstellung des Schloßgartens ist abgetrennt. Beschriftet mit Zahlenverweisen; Erläuterungen und Maßangabe rechts unten. Der Plan ist der Handschrift nach Sibylla Augustas Hofbaumeister Michael Ludwig Rohrer zuzuweisen. Vom Schloß (Nr. 1) mit dem Schloßplatz (Nr. 3) führen die drei Straßen strahlenförmig in die Stadt; die querverlaufende Straße enthält den Marktplatz und das geplante Rathaus, dessen Standort noch nicht genau festgelegt ist (Nr. 4). Die vorgesehenen Häuserviertel sind schematisch eingetragen; in der linken oberen Hälfte ist die alte Pfarrkirche (spätere Bernharduskirche) mit dem Friedhof eingezeichnet (ohne Nr.). Über die Murg führen die »Alte und die Neue Prucken« (Nr. 5). Eine mit zwei Baumreihen bestandene breite Allee, die zur Neuen Murgbrücke hin ausbuchtet, umschließt zusammen mit den Umfassungsbauten die Stadt, von Rohrer als »Circumferenz Und Ein Schlus (Einschluß)« bezeichnet (Nr. 2). Rechts oben ragt der Grundriß der 1715 errichteten (zu dieser Zeit geplanten oder bereits bestehenden) Maria Einsiedeln Kapelle in die Allee. Unterhalb davon ist in der Gartenanlage ein kleines, achteckiges Gartenhaus zu erkennen, ein geplanter oder bestehender Vorläuferbau der 1722 in unmittelbarer Nähe der Einsiedeln Kapelle errichteten Pagodenburg.

Literatur: Renner, Der Stadtplan von Rastatt, S. 317 ff., Abb. 3, Nr. 7. – Schefold, Nr. 32197

Rastatt, StA K-209

31 Plan der Stadt Rastatt

Feder, schwarz und rot; aquarelliert. Michael Ludwig Rohrer. Um 1722. H. 49,5 cm, B. 34,9 cm

Der Plan sieht als Umfriedung der Stadt einen Häusergürtel vor, der in den unteren Murgbogen hineinragt. Er zeigt Schloß, Schloßgarten und die Stadt mit Murg, sowie die beiden Vorstädte, deren Häuser nicht modellmäßig erbaut werden mußten; links oben Rest der Befestigungsanlage. Beschriftung durch Buchstaben, Erläuterungen rechts unten mit der Überschrift: »Plan von der Hochfürstl. Resitenz Rastad/wie die selbige Mit denen Circumver=/=enz heuseren Solle geschlosen werden.« Der Plan ist der Handschrift nach Michael Ludwig Rohrer zuzuweisen. Er zeigt Schloß und Stadt ähnlich wie Kat. Nr. 30; anders ist der asymmetrische Verlauf der Umfassungsbauten, die hier in den unteren Murgbogen hineinreichen. In gelber Farbe und dem Buchstaben »G« ist markiert, was in der Stadt bereits gepflastert ist. Im Park hinter dem Schloß (A) ist die 1721/22 erbaute, im 19. Jhd. abgebrochene Maria Loreto Kapelle (D) eingezeichnet, unterhalb davon die alte Pfarrkirche (spätere Bernharduskirche) (H); auf der rechten Seite vom Schloß die 1715 gebaute Maria Einsiedeln Kapelle und die 1722 errichtete Pagodenburg.

Literatur: Renner, Der Stadtplan von Rastatt, Nr. 8. – Schefold, Nr. 32198

GLA G Rastatt 10

32 Plan der Stadt Rastatt (Abb. 3)

(Als Foto auf dem Übersichtspult)
Feder, schwarz und rot; aquarelliert. Signiert Ing. J. F. Brougleder. Um 1731. H. 70,3 cm, B. 49 cm

Der Plan zeigt wie Kat. Nr. 31 die Stadt mit Schloß, Schloßgarten, dem Rest der Befestigungsanlage und den in den unteren Murgbogen hineinreichenden Umfassungshäusern, die hier ganz detailliert eingezeichnet sind; außerhalb die beiden Vorstädte. Die einzelnen Gebäude wie bei Kat. Nr. 31, lediglich die alte Pfarrkirche ist nicht eingetragen; erstmals ist hier die 1723 geweihte Schloßkirche (Nr. 1) mit dem gegenüberliegenden, 1726 erbauten Hofpfarrhaus eingezeichnet. Beschriftet mit Zahlenverweisen; Erläuterungen rechts unten mit der Überschrift: »Plan und Riß von der Hochfürstl. Residenz Rastad/was in derselbigen gepflastert; auch wie dieselbige mitt denen/Häußern solle geschloßen werden«. Links unten signiert »Delineavit/J. F. Brougleder. Inge:«

Literatur: Renner, Der Stadtplan von Rastatt, S. 320, Nr. 11. – Schefold, Nr. 32201

GLA H Rastatt 3

33 Aufriß der Stadtfront des Rastatter Schlosses (Abb. 2)

Feder, schwarz; grau und blaugrau laviert, goldgelbe Details. Signiert und datiert Hofingenieur Fr. Ig. Krohmer. 1733. H. 49,4 cm, B. 102,4 cm

Die Zeichnung zeigt das Schloß von der Stadtseite mit dem von Michael Ludwig Rohrer geschaffenen Dachaufbau und der 1722 aufgestellten bekrönenden Jupiterfigur. Er ist überschrieben mit den Worten »PROSPECT Der Hochfürstlich=Markgraff=Baadischen RESIDENTZ Zu Rastatt wie solche gegen der Statt anzusehen ist«. Rechts unten signiert »Aufgenohmen und bezeichnet von Fr. Ig: Krohmer Hoff Ingenieur. 1733.«

Literatur: Türkenlouis-Katalog, Nr. 238. – Schefold, Nr. 32244

GLA G Rastatt 5

34 Grundriß des Schlosses

Feder, blau. Signiert Hofingenieur Fr. Ig. Krohmer. H. 47,5 cm, B. 68 cm

Grundriß des Erdgeschosses; links die ab 1719 erbaute Hofpfarrkirche mit den angrenzenden Wohnräumen Sibylla Augustas. In der Mitte beschriftet, rechts unten signiert wie Kat. Nr. 33.

Literatur: Schefold, Nr. 32248

GLA G Rastatt 7a

35 Fassadenriß der Hofpfarrkirche mit zwei seitlichen Toren (Abb. 5)

Feder, laviert. Signiert J. P. E. Rohrer. 30er Jahre des 18. Jahrhunderts. H. 45,8 cm, B. 46 cm

Gezeichnet von Peter Ernst Rohrer, dem jüngeren Bruder Michael Ludwig Rohrers; unten beschriftet und signiert.

Literatur: Renner, Die Schloßkirche, Abb. 38. – Schefold, Nr. 32301

Rastatt, StA K-1570

36 Längsschnitt und zwei Querschnitte durch die Hofpfarrkirche

Feder, laviert. Michael Ludwig Rohrer. Um 1719. H. 46,2 cm, B. 35,2 cm

Die Zeichnung zeigt ein nicht ausgeführtes Projekt der Hofpfarrkirche, die hier dreigeschossig geplant ist. Die ausgeführte Schloßkirche bleibt mit zwei Geschossen in der durch das Schloß vorgegebenen Höhe. Auf der Rückseite zwei Entwürfe für den Hochaltar. Unter den Schnittzeichnungen jeweils beschriftet.

Literatur: Renner, Die Schloßkirche, S. 46 ff., Abb. 18. – Schefold, Nr. 32396

Rastatt, StA K-1569

37 Zwei Grundrisse der Hofpfarrkirche (Abb. 6)

Feder. Signiert Michael Ludwig Rohrer. Um 1719. H. 31,1 cm, B. 40,6 cm

Zwei auf ein Blatt gezeichnete Grundrisse der Hofpfarrkirche und der Heiligen Stiege. Sie geben die Raumgliederung in Höhe des Erd- und des Emporengeschosses wieder und entsprechen dem ausgeführten Bau. Beschriftung durch Zahlenverweise; Erläuterungen unten; Signatur rechts unten. Mit Nr. 19 ist die Heilige Stiege bezeichnet, mit Nr. 20 das Sanctuarium und Nr. 24 das Privatoratorium Sibylla Augustas.

Literatur: Renner, Die Schloßkirche, S. 46 ff, Abb. 20

GLA 220/620 (8)

38 Fassadenriß des Hofpfarrhauses (Abb. 7)

Feder, laviert. Signiert Michael Ludwig Rohrer. Um 1726. H. 24, 2 cm, B. 35,3 cm

Das Hofpfarrhaus wurde 1726 gegenüber der Hofpfarrkirche errichtet.
Unten beschriftet: »Face gegen der Neüen Schlos Kürchen.« Rechts unten signiert.

Literatur: Renner, Die Schloßkirche, Abb. 26

GLA 220/620 (9)

39 Grundriß des Hofpfarrhauses

Feder, laviert. Signiert Michael Ludwig Rohrer. Um 1726. H. 24,6 cm, B. 35,5 cm

Der Grundriß zeigt das Erdgeschoß des Hofpfarrhauses mit Treppenhaus, Speisekammer und Küche, dem Refektorium und vier Zimmern. Beschriftung in der Zeichnung, unten »Erstes Stock werck« und Maßangabe. Signatur rechts unten. Zugehörig Grundriß des Kellers und der übrigen Stockwerke sowie zwei Schnitte (GLA 220/620 (3,5–7).

GLA 220/620 (4)

40 Ansicht des Hofpfarrhauses mit Garten aus der Vogelperspektive

Feder, laviert. Signiert Michael Ludwig Rohrer. Um 1726. H. 24,5 cm, B. 35,2 cm

Die Zeichnung zeigt das Hofpfarrhaus mit einer Toranlage, ganz unten die Stufen der genau gegenüberliegenden Hofpfarrkirche. Beschriftet unten links »Die Haubt gaßen von der Stadt.«; unten rechts »die Einfahrt in den Hoch=/fürstl. Schlos garten.«; darunter Signatur; unten in der Mitte »Neue Schlos Kirchen«.

GLA 220/620 (2)

41 Axialer Prospekt des Piaristenklosters mit Grundriß der Hofpfarrkirche

Feder, laviert. Peter Ernst Rohrer. Um 1736. H. 34,1 cm, B. 44,9 cm

Das Hofpfarrhaus wurde 1738–47 unter Sibylla Augustas Sohn, Markgraf Ludwig Georg erweitert; die Anlage diente den Piaristenpatres als Kloster- und Schulbau. Das ehemalige Hofpfarrhaus bildet heute den Mittelbau des Ludwig-Wilhelm-Gymnasiums.

Literatur: Renner, Die Schloßkirche, S. 96, Abb. 38. – Schefold, Nr. 32306

Rastatt, StA K-1566

42 Situationsplan mit Grundrissen des Schlosses Favorite und der zugehörigen Gebäude

Feder, aquarelliert. 18. Jahrhundert. H. 64 cm, B. 100 cm

Der Plan zeigt den Park um das Sommerschloß Favorite mit den Grundrissen des Schlosses, der beiden Arkadengänge, der Kavaliersbauten und der abseits gelegnen achteckigen Eremitage; oben Aufriß der Arkadengänge.

Literatur: Schefold, Nr. 22953

GLA G Favorite 2

43–45 Drei Grundrisse des Schlosses Favorite

Feder, laviert. Signiert Michael Ludwig Rohrer. Nach 1710. H. 26 cm, B. 39 cm

Die drei Blätter zeigen Grundrißzeichnungen aller Geschosse. In der Beletage rechts das Appartement der Markgräfin, links das des Erbprinzen und späteren Markgrafen Ludwig Georg. Unten jeweils beschriftet; rechts unten signiert.

Literatur: Schefold, Nr. 22958–22960

GLA G Favorite 6–8

46 Fassadenriß des Schlosses Favorite (Abb. 4)

Feder, braun, rot, grau, grün; laviert. Signiert Michael Ludwig Rohrer. Nach 1710. H. 26,3 cm, B. 39,5 cm

Sehr fein ausgeführte und kolorierte Zeichnung der Hauptfassade des Sommerschlosses.

Literatur: Renner, Die Schloßkirche, Abb. 3b. – Schefold, Nr. 22961

GLA G Favorite 9

47 Situationsplan mit Grundrissen der Maria Einsiedeln Kapelle, der Pagodenburg und des Frauenklosters

Feder, aquarelliert. H. 41,5 cm, B. 61,4 cm

Der Plan zeigt die Grundrisse der 1715 entstandenen Maria Einsiedeln Kapelle und der 1722 erbauten Pagodenburg in der die Gebäude umgebenden Gartenanlage; ganz rechts Grundriß des erst unter der Regierung Markgraf August Georgs errichteten Frauenklosters.

GLA G Rastatt 27

48 Grund- und Aufriß der Pagodenburg im Nymphenburger Park in München (Abb. 9)

Feder, laviert. Anfang 18. Jahrhundert. H. 39,5 cm, B. 58,5 cm

Sibylla Augusta hatte 1722 nach einem Besuch am Münchener Hof Kurfürst Max Emmanuel II. um die Pläne der Pagodenburg im Nymphenburger Park gebeten, nach denen im gleichen Jahr die Rastatter Pagodenburg erbaut wurde. Links der Grundriß zeigt in der unteren Hälfte das Erdgeschoß, in der oberen das Obergeschoß. Beschriftet oben: »Oberer grund Riß zu solchen= Bagotten Burger Lust haus«, und unten: »Unterer Gruntriß des Lust haus Bagotten Burg in dem Gürfürstl garten zu Nymphenburg/ohn weith Müngen«. Rechts Aufriß des Gebäudes mit der Unterschrift: »Dieser halber hohs: (?) Riß zu solchem Lusthaus wie solches daselbsten erichtet«. (Zugehörig ein weiterer Plan mit zwei Fassadenrissen, GLA G München 2.)

GLA G München 3

49 Grund- und Aufriß der Pagodenburg in Rastatt (Abb. 8)

Feder, grau; laviert. Signiert und datiert Johannes Nepomuk Gretler. 1778. H. 63,2 cm, B. 40,5 cm

Die Bauaufnahme zeigt einen Fassadenaufriß der Pagodenburg, darunter die übereinandergeklebten Grundrisse des Erd- und des Obergeschosses. In der Mitte beschriftet: »Faccade. Grund. und Prospect des Lusthauses in dem Fürstl:/Gartten Pagottenburg zu Rastatt«. Rechts unten Kartusche mit Signatur und Datum.

Literatur: Renner, Die Schloßkirche. Abb. 14a

GLA 220/39

50 Aufriß der Rathausfassade (Farbtafel II)

Feder, aquarelliert. Johann Michael Rohrer. Um 1720/21 (?). Die Zeichnung ist dem Umriß nach ausgeschnitten und aufgeklebt. H. des Blattes 38,4 cm, B. des Blattes 28,3 cm.

In der Mittelachse ist über dem Eingang ein Balkon nachträglich eingezeichnet. Keine Beschriftung. (Zugehörig Kat.-Nr. 51)

Literatur: Renner, Die Schloßkirche, Abb. 42

Rastatt, StA K-195

51 Detail der Rathausfassade

Feder, laviert. Johann Michael Rohrer. Um 1720/21. H. 38,1 cm, B. 29,5 cm

Die Zeichnung zeigt ein Detail des Mittelstücks der Rathausfassade mit Balkon über dem Eingang; darunter im Grundriß die Pfeilerstellung. Beschriftet mit Zahlenverweisen; Erläuterungen rechts unten »No 1 seind die Pfeyler von Rathaus/No 2 seind die Pfeyler von der Altane/No 3 ist das Kreuz Gewölb«. Der Schrift nach Michael Ludwig Rohrer zuzuweisen. Nach den Bauakten (GLA 220/353) erfolgte 1720/21 der Anbau eines Balkons an die Rathausfassade.

Literatur: Renner, Die Schloßkirche, Abb. 41. – Schefold, Nr. 32313

Rastatt, StA K-1568

52 Situationsplan mit Grundriß des Ettlinger Schlosses

Feder, aquarelliert. Um 1780. H. 43,5 cm, B. 63 cm

Sibylla Augusta hatte sich das kriegszerstörte Ettlinger Schloß ab 1728 nach Plänen Michael Ludwig Rohrers als Witwensitz ausbauen lassen.

Literatur: Kunstdenkmäler Badens. Amt Ettlingen, S. 46ff., Abb. 8. – Schefold, Nr. 22882

GLA G Ettlingen 1

53 St. Florian Kapelle in Schlackenwerth

Foto der 1691 von Sibylla Augusta gestifteten St. Florian Kapelle in Schlackenwerth (Hubatschek, Schlackenwerth, Abb. S. 56)

54 Maria Einsiedeln Kapelle in Schlackenwerth

Foto der 1709 von Sibylla Augusta gestifteten Maria Einsiedeln Kapelle in Schlackenwerth (Hubatschek, Schlackenwerth, Abb. S. 59)

55 Text der Grundsteinlegungsurkunde der Maria Einsiedeln Kapelle in Rastatt

Papier, ein gefaltetes Blatt. Datiert 31. März 1715. H. 32,7 cm, B. 19,3 cm (gefaltet)

Am 31. März 1715 legte Sibylla Augusta den Grundstein für die Rastatter Maria Einsiedeln Kapelle in Anwesenheit des Speyrer Bischofs Heinrich Hartard von Rollingen, des Vorgängers Damian Hugo von Schönborns.

GLA 220/618

56 Baubericht Michael Ludwig Rohrers an Sibylla Augusta

Papier. Ein gefaltetes Blatt, vierseitig beschrieben. Datiert 4. Oktober 1720. H. 33,8 cm, B. 21,5 cm (gefaltet)

Eigenhändiger Bericht Rohrers über den Stand der Arbeiten an der Schloßkirche, der Maria Loreto Kapelle, dem Rastatter Schloß und der Favorite, überschrieben »Untertänigste Relation über das Hochfürstl. Schloß/undt andere gebäu, in der hochfürstl. Resitenz/zu Rastadt«.

GLA 220/27

57 Bericht Franz Pflegers an Sibylla Augusta über den Stand der Ausstattungsarbeiten in der Hofpfarrkirche

Papier. Zwei doppelseitig beschriebene Blätter. Datiert 11. bis 25. Oktober 1720. H. 33,2 cm, B. 21,5 cm

Sibylla Augustas Innenarchitekt Franz Pfleger sandte vom 4. Oktober 1720 bis 15. August 1721 der in Schlackenwerth weilenden Markgräfin schriftliche Berichte über den Fortgang der Ausstattungsarbeiten in der Rastatter Hofpfarrkirche. Der ausgestellte Bericht vom 11. bis 25. Oktober 1720 vermerkt unter anderem, daß der

Bildhauer Möckel an dem großen Kruzifix arbeite, und daß der Glasschneider sich im Schneiden von Blumen für Einlegearbeiten übe.

Literatur: Lohmeyer

GLA 220/620 (15, 16)

58 Text der Grundsteinlegungsurkunde der Hofpfarrkirche

Papier. Ein Blatt. Datiert 27. Januar 1720. H 33,4 cm, B. 20,5 cm

Am 27. Januar wurde im Rahmen der Festwoche zur Einweihung der ab 1719 erbauten Heiligen Stiege und des Sanctuariums der Grundstein zur Hofpfarrkirche gelegt.

GLA 220/620 (12)

59 Eintrag der Grundsteinlegung für das Rastatter Rathaus im 1560 begonnenen Ordnungsbuch

Ordnungsbuch von 1560, in Leder gebunden. H. 31 cm, B. 21,5 cm. Aufgeschlagen: fol. 169v–170r

Im Rastatter Ordnungsbuch von 1560 ist auf fol. 169v–170r eingetragen, daß am 3. Juni 1716 unter der Regierung der Landesfürstin Franziska Sibylla Augusta der Grundstein zum Rathaus der Stadt Rastatt gelegt worden ist.

Rastatt, StA B–35

Sibylla Augusta als Regentin

Als Markgraf Ludwig Wilhelm am 4. Januar 1707 starb, war sein ältester Sohn, der 1702 in Ettlingen geborene Ludwig Georg Simpert, knapp fünf Jahre alt. Er hinterließ noch drei weitere Kinder – den dreijährigen, im Februar 1709 gestorbenen Wilhelm Georg, die ein Jahr jüngere Augusta Maria Johanna und den gerade einjährigen August Georg. Sibylla Augusta war testamentarisch als Landesregentin und Mitvormünderin der Kinder eingesetzt worden. Zwei weitere Mitvormünder hatte der Markgraf klug gewählt: der über beste Beziehungen zur französischen Krone verfügende Herzog Leopold von Lothringen und der am kaiserlichen Hof in Wien einflußreiche Kurfürst Johann Wilhelm von der Pfalz. Beide waren Ludwig Wilhelm durch die gemeinsame Kriegsführung verbunden. Die Testamentseröffnung am 11. Januar 1707 überstieg Sibylla Augustas Kräfte, sie mußte sich wegen eines Schwächeanfalles zurückziehen. Doch schon am 16. Januar setzte sie den Kaiser davon in Kenntnis, daß sie zur Oberlandesregentin und Mitvormünderin ihrer Kinder bestimmt sei, und bat um Bestätigung des Testamentes (Kat. Nr. 13).

In der Frage, wer die Huldigung der Bevölkerung entgegennehmen dürfe, behauptete sie sich gegenüber beiden Mitvormündern als Regentin des Landes; diese waren der Ansicht, daß alle drei Vormünder stellvertretend für den Erbprinzen die Huldigung entgegennehmen sollten – was Sibylla Augusta entschieden zurückwies.

Mit ihrer Wahl des Freiherrn Karl Ferdinand von Plittersdorff (Kat. Nr. 61) zum Präsidenten der Hofkammer hatte Sibylla Augusta eine gute Entscheidung getroffen. Der zu diesem Zeitpunkt bereits hochbetagte erfahrene Staatsmann stand ihr während ihrer gesamten Regierungszeit loyal zur Seite; er starb 1727, im Jahr der Regierungsübergabe Sibylla Augustas an den Erbprinzen. Den Verwaltungsapparat hatte Sibylla Augusta weitgehend beibehalten, so daß ihr Regierungsantritt für das Land keinen abrupten Wechsel bedeutete.

Als erstes dringendes Problem stellte sich die Ordnung der Finanzen. Hierzu mußte sie in erster Linie das kriegsverwüstete und hochverschuldete Land von weiteren Kontributionen entlasten, die sowohl an das in Baden einmarschierte französische Heer als auch – als Verteidigungsbeitrag – an das Reich zu entrichten waren. Dabei erwies sich Herzog

Leopold von Lothringen als nützlich, der mäßigend auf Marschall Villars einwirken konnte. In der Frage der Kriegsbeiträge an die eigene Seite setzte sich Sibylla Augusta selbst in einem Schreiben an den Reichstag zu Regensburg ein, in dem sie die Lage ihres Landes eindringlich schilderte (s. oben, Kap. 3); sie betonte, daß Baden bisher allen Forderungen pünktlich nachgekommen, nach dem jüngsten Einmarsch der Franzosen jedoch zu weiteren Leistungen nicht mehr in der Lage sei.

Daneben versuchte sie, die vom Kaiser noch ausstehenden, Ludwig Wilhelm als Kriegsentschädigung versprochenen Zahlungen einzutreiben. Der Mitvormund Johann Wilhelm von der Pfalz bemühte sich, ihr dabei über seine verwandtschaftlichen Beziehungen zum Kaiserhaus behilflich zu sein – allerdings ohne Erfolg: die drei von Sibylla Augusta nacheinander an den Wiener Hof geschickten Gesandten vermochten nichts auszurichten. Erst als sie 1721 schließlich selbst dorthin reiste und auf der Einlösung der Schuld bestand, konnte sie nach zähen Verhandlungen wenigstens einen Teil des Geldes erstreiten. Von den ihr zustehenden mehr als zwei Millionen Gulden mußte sie sich mit 750 000 Gulden zufriedengeben; sie fürchtete, sonst alles zu verlieren, wie sie abschließend in einem Brief an Johann Wilhelm von der Pfalz berichtete.

Drastische Einsparungen in Sibylla Augustas eigener Hofhaltung waren eine weitere Maßnahme zur Konsolidierung der Finanzen, ebenso wie die reichen Zuschüsse, die sie von den Erträgen ihrer böhmischen Güter der Markgrafschaft zur Tilgung der Schulden zufließen ließ.

Unmittelbar nach Abschluß des Rastatter Friedens nahm Sibylla Augusta den Wiederaufbau des Landes in Angriff. Nur wenige Tage nach dem Friedensschluß erließ sie die Aufforderung, den bereits unter Ludwig Wilhelm begonnenen Aufbau Rastatts voranzutreiben, und bestätigte alle Privilegien und Steuervorteile für das modellmäßige Bauen (Kat. Nr. 62, Abb. 10).

Ihr nächster Schritt war die dringend notwendige Gründung einer Schule in der Residenzstadt. Hierzu berief sie Patres des seit 1666 in Schlackenwerth ansässigen Piaristenordens nach Rastatt. Sie selbst hatte in Schlakkenwerth ihre Schulerziehung durch Patres dieses von dem Spanier Joseph Calasanz in Rom gegründeten Ordens erhalten, der sich die Erziehung der Jugend zur Hauptaufgabe gesetzt hatte. Zwei Piaristenpatres lebten bereits in Rastatt, Erzieher des Erbprinzen der eine, Hofgeistlicher der andere. Am 22. Juni 1715 unterzeichnete Sibylla Augusta in Schlackenwerth den Gründungsvertrag, die »Fundatio Rastadiensis«,

Wir Francisca Sybilla Augusta

von Gottes Gnaden Marggräfin zu Baden und Hochberg/ Wittib/ denominirte Ober-Lands-Regentin und Vormünderin/ geborne Hertzogin zu Sachsen/ Engern und Westphalen.

Nachdem auff die hiebevorn hin- und wider affigirte Patenten vom 16. Aug. 1698. 3. Decemb. 1699. 24. Novemb. 1700. und 5. Decemb. 1701. verschiedene Häuser und Wohnungen in Unserer Residenz Rastatt zwarn aufferbauet worden/ Wir aber bey nunmehro wider erlangten Frieden gnädigst gesinnet seind/ und gerne seheten/ daß ermeldte Residenz etwas geschwinder völlig auffgebracht- und in guten Stand gesetzet werden möge; Als haben Wir nöthig erachtet/ die vermög ermeldter Patenten ertheilte Freyheiten dahin hiemit zu wiederhohlen/ daß nemblichen Alle und Jede/ welche in ernannt Unserer Residenz Modell-mäßige Häuser / als nemblichen / der vier Haubt-Mauren von Stein bis unter Dach bauen werden/ von der Zeit an/ daß eines jeden Hauß gebauet/ und bezogen seyn wird/ von ihren Häusern von der Frohn/ worunter aber die Marckungs-Frohnen/ wo der Gemeinde Interesse und Nutzen leydet/ nicht begriffen/ in allem auff ewig/ und zwarn solcher gestalten/ da ein- oder anderer Haußvatter von Unsern ingesessenen Burgern/ der solches Hauß erbauet /mit todt abgehen/ und verschiedene Kinder hinderlassen würde/ unter solchen Kindern jeniges/ deme sothanes Hauß an seinem Erbtheil zufallete/ frey seyn solle/ ingleichen von solchen ihren allda also aufferbauten Häusseren/ ein- vor alle mal nicht das geringste an Herrschafftlichen Geldtern (worunter aber Reichs- und Craiß-Anlagen/ nicht weniger die Contributiones und Brandschatzungen nicht verstanden sein-) ner Stuben und Kammer/ zu Logierung Unserer Hoff-Bedienten/ als freye Quartier/ herzugeben schuldig seyn/ darunter aber die Cantzley/ und andere Unsere Bediente/ so eine Modell-mäßige Häuser haben/ nicht verstanden werden sollen/ und werden zu Aufferbauung solcher Häuser denen Eingesessenen à dato vom 23. Aprilis dieses Anfangung zu erbauen 3. Jahr/ denen so solche unter Dach eines- und wircke nur etwa die Helffte/ mehr oder weniger fertig haben/ zwey Jahr/ denen Frembden aber vier angesetzt/ da aber die Häuser in denen bestimmten respective 4. 3. 2. und 1. Jahren nicht auffgebauet seyn würden/ alsdann Sie die obbenannte Freyheit nicht allein nicht zu geniessen haben/ sondern auch der assignirte Platz/ einem andern/ der sich darauff zu bauen angelobet/ überlassen werden solle/ zumahlen Wir dörffens Wir be-sagte Unsere Residenz balden erbauet sehen möchten. Es wollen Wir auch ferners/ so viel die Leibeigenschafft betrifft wegen der Innheimischen solche in vorigen Stand/ die Frenden aber nicht allein für sich/ sondern auch ihre Nachkömlinge davon in perpetuum exempt lassen ; Solten aber die Fründe einige Burgerliche Güter / an sich erhandlen / so verblei-ben sothane Güter ihren vorherigen Oneribus und gewöhnlichen Anlagen/ wie vorhero unterworffen/ deme Wir dieses benfügen wollen/ daß das zu Erbauung neuer Modell-mäßiger Häuser in Rastatt / Baden und Ettlingen benöthigte Bauholtz gratis und ohne Entgeldt wird verabfolget werden. Rastatt den 12. Aprilis, 1714.

Augusta M. v. B. g. H. z. S.

(L. S.)

10 Erlaß der Markgräfin zum modellmäßigen Aufbau der Stadt. 12. April 1714. – Kat. Nr. 62

deren Text im Tagebuch des Pater Martinus, des ersten Rektors der neuen Schule (Kat. Nr. 64), überliefert ist. Die Schule sollte von zwölf Patres geführt werden. Sibylla Augusta verpflichtete sich, jedem von ihnen jährlich hundert Reichstaler an Unterhalt aus ihrer Kasse zu zahlen.
Nach ihrem Tode sollten diese Kosten aus einer noch zu gründenden Stiftung bestritten werden. Die Patres hatten – neben gottesdienstlichen Aufgaben in der Maria Einsiedeln Kapelle und der noch nicht erbauten »Kirch bey dem Kloster« – die Jugend »in denen Humanioribus (humanistischen Fächern), Music, Schreib- und Rechenkunst fleißig zuinstruieren . . . (sowie) zu aller Gottesforcht, Andacht und Auferbaulichkeit . . . anzuweisen.«
Sobald der für sie geplante Kollegiumbau stand, sollten sie auch »die

gantze Philosophiam . . . tradiren«. Die neugegründete Bildungsanstalt war somit als Elementar- und Höhere Schule vorgesehen und sollte der seit 1642 in der ehemaligen Residenzstadt Baden-Baden bestehenden Jesuitenschule nicht nachstehen.

Bis zur Vollendung des vorgesehenen Kollegiums sollten zunächst nur sechs Patres nach Rastatt kommen und in Räumen des Schlosses Aufnahme finden. Nachdem jedoch der Kollegbau 1719 aus Geldmangel aufgegeben worden war, bot das neuerbaute Hofpfarrhaus den Piaristen ab 1726 Unterkunft; der Schulrektor Pater Martinus versah stiftungsgemäß die Hofpfarrei. Nach der Regierungsübergabe Sibylla Augustas an ihren Sohn geriet der Schulbetrieb über Fragen der Ordensorganisation in eine Krise und kam um 1730 zum Erliegen.

Am 2. November 1736, verzögert durch die Wirren des polnischen Erbfolgekrieges, erneuerte Markgraf Ludwig Georg schließlich die Schulgründung, zur Erleichterung der Rastatter Bürger. Das Hofpfarrhaus wurde nun durch geräumige Anbauten zum Kolleg erweitert und bot den Patres wie auch der Schule ausreichend Platz (Kat. Nr. 41).

Nachdem mit dem Tode des letzten regierenden Markgrafen August Georg 1771 die Markgrafschaft Baden-Baden mit der von Baden-Durlach wiedervereinigt worden war, bestand die Schule noch bis 1776 in ihrer bisherigen Form weiter; mit ihr wurde dann – nach der Aufhebung des Jesuitenordens – die Baden-Badener Jesuitenschule in Rastatt vereint. 1808 ist daraus das Großherzogliche Lyzeum, 1908 das Ludwig-Wilhelm-Gymnasium hervorgegangen.

Als vorrangige Aufgabe stellte sich für Sibylla Augusta nach dem Ende der langen Kriegszeit die Wiederbelebung von Handel und Handwerk. In den Akten haben sich leider nur wenige Zeugnisse für die Neuansiedlung von Betrieben und die Reorganisation des ansässigen Handwerks erhalten. So suchte 1716 der Lichter- und Seifensieder Gregorius Oberlader bei Sibylla Augusta nach, sich zu günstigen Bedingungen in Rastatt zur Herstellung von Kerzen und Seife niederlassen zu dürfen (Kat. Nr. 68), was ihm mit einigen Einschränkungen gestattet wurde.

Bereits 1714 hatten die Metzger die Markgräfin um eine Zunftordnung gebeten; sie wurde 1715 erlassen und regelte unter anderem den Verkauf von Fleisch (Kat. Nr. 65). 1715 erhielten auch die Schreiner eine Zunftordnung (Kat. Nr. 66), die der Sattler ist aus dem Jahre 1716 überliefert. 1720 wurde die Knappenordnung der Leinenweber erlassen (Kat. Nr. 67), und die Schuhknechte in Rastatt bekamen auf ihren Wunsch 1727 eine eigene Zunftordnung. Selbstverständlich gab es noch eine ganze Reihe anderer Handwerksbetriebe, von denen sich vereinzelt Zeugnisse erhalten haben: z. B. Müller und Bäcker, Schneider, Hutmacher, Weber und Seiler, Hafner, Rotgerber, Wagner und Schmiede, Nagelschmiede und Büchsenmacher.

All diese Betriebe dürften zu einem nicht geringen Maß vom Bedarf des Hofes in Rastatt gelebt haben; zudem beschäftigte das Schloß als Verwaltungszentrum eine Vielzahl von Beamten, die als private Kunden das örtliche Handwerk mit Aufträgen versorgt haben mochten.

Als Sibylla Augusta ihrem Sohn Ludwig Georg 1727 die Regierung übergab, befand sich das Land, das sie in desolatem Zustand übernommen hatte, dank ihrer Tatkraft und umsichtigen Haushaltsführung wieder in geordneten Verhältnissen.

1769 widmete ihr Johann Christian Sachs in seiner »Geschichte der Marggravschaft und des marggrävlichen altfürstlichen Hauses Baden« die folgenden Worte: »*Sie war eine Fürstin von großem Verstande und seltener Schönheit. Sie hatte die Vormundschaft über ihre Prinzen ganzer zwanzig Jahre mit vieler Klugheit geführt . . . und an den Schulden, womit die Marggravschaft bey den langen und harten Kriegszeiten beschwert worden, tilgete sie aus ihren eigenen Einkünften eine Summe von zwey Millionen.*«

60 Markgräfin Franziska Sibylla Augusta (Farbtafel I)

Öl auf Leinwand. Unbekannt. Art des H. Lihl. Um 1710. H. 77 cm, B. 57 cm

Das Porträt zeigt Sibylla Augusta als junge Witwe, etwa drei Jahre nachdem sie die Regierung übernommen hatte.

Literatur: Kircher, Zähringer Bildnissammlung, Nr. 309

Privatbesitz

61 Freiherr Karl Ferdinand von Plittersdorf

Öl auf Leinwand. Unbekannt. Anfang 18. Jahrhundert. H. 87,7 cm, B. 72,2 cm

Die Markgräfin Sibylla Augusta ernannte den hochbetagten, erfahrenen Staatsmann Freiherr Karl Ferdinand von Plittersdorf zum Präsidenten der Hofkammer. Er erfüllte dieses Amt bis zu seinem Todesjahr 1727, als Sibylla Augusta die Regentschaft ihrem Sohn Ludwig Georg übertrug.

Rastatt, Heimatmuseum K–1906

62 Erlaß zum modellmäßigen Aufbau der Residenzstadt (Abb. 10)

Papier, gedruckt. Datiert 12. April 1714. H. 34 cm, B. 40,3 cm

Unmittelbar nach Abschluß des Rastatter Friedens erließ Sibylla Augusta am 12. April 1714 die Aufforderung, den modellmäßigen Aufbau der Residenzstadt voranzutreiben und bestätigte alle mit der Errichtung eines modellmäßigen Hauses verbundenen Privilegien und Steuervorteile.

GLA 220/526

63 Stiftung des Piaristenkollegs zu Rastatt

Original. Papierlibell. Fünf Siegel. 22. Juni/15. November 1715. H. 33,8 cm, B. 21,5 cm

Die Markgräfin stiftet das Piaristenkolleg zu Rastatt (22. Juni) und der Speyrer Bischof Heinrich Hartard von Rollingen bestätigt die Stiftung (15. November).

GLA 37/193a

64 Tagebuch des Pater Martinus

Buch in Ledereinband. 18. Jahrhundert. Folioformat.

Das Buch enthält die Annalen des Piaristenpaters Martinus a. S. Brunone, des ersten Rektors der Rastatter Piaristenschule, sowie Urkunden und Schriftstücke zur Geschichte des Kollegs. Aufgeschlagen: der von Pater Martinus aufgezeichnete Text der Stiftungsurkunde »Fundatio Rastadiensis«.

Rastatt, Bibliothek des Ludwig-Wilhelm-Gymnasiums

65 Zunftordnung der Metzger

Papierlibell. 1715. H. 33 cm, B. 20 cm

1715 erließ Markgräfin Sibylla Augusta auf Bitten der Rastatter Metzger eine Zunftordnung für die Metzger.

GLA 173/498

66 Zunftordnung der Schreiner

Papierlibell. 1715/1737. H. 23,5 cm, B. 18 cm

Die von Sibylla Augusta 1715 erlassene Zunftordnung für die Rastatter Schreiner wurde im Jahr 1737 durch ihren Sohn, Markgraf Ludwig Georg erneut bestätigt.

GLA 220/1290

67 Knappenordnung der Leinenweber

Papierlibell. 1720. H. 32,4 cm, B. 20,4 cm

Markgräfin Sibylla Augusta erließ 1720 die Knappenordnung für die Rastatter Leinenweber.

GLA 173/499

68 Gesuch des Lichter- und Seifensieders Gregorius Oberlader

Papier. Ein gefaltetes Blatt. 1716. H. 33,2 cm, B. 20 cm (gefaltet).

Am 10. Oktober 1716 ersuchte der Lichter- und Seifensieder Gregorius Oberlader in einem Brief die Markgräfin um die Erlaubnis, sich in Rastatt niederlassen zu dürfen.

GLA 220/381

69 Zunftschild der Rastatter Bäcker

Eisenblech, farbig gefaßt; oben Rest der Bekrönungsschleife eines verlorenen ovalen Rahmens (Holz). Datiert 1720. Größte H. des Schildes 43,6 cm, größte B. 35,1 cm

Das Schild zeigt in ornamentalem ovalem Rahmen zwei zu Seiten eines Rades gegenständig angeorgnete, steigende Löwen, die jeweils eine Pranke auf eine Brezel legen; darüber die Jahreszahl 1720.

Literatur: Höff, Sammlungen der Stadt Rastatt I, S. 124. – Badische Heimat 24, 1937, Abb. S. 354

Rastatt, Heimatmuseum D, II, 4

70 Aufding- und Freisprechbuch der Rastatter Schlosserzunft

Buch in Pappeinband. 1727 bis 1861. H. 20,5 cm, B. 16,7 cm

Das Buch verzeichnet alle aufgenommenen und nach der Lehre entlassenen Lehrlinge. Es enthält Einträge vom Jahr 1727 bis zum Jahr 1861.

Rastatt, StA B-299

71 Zunftbuch der Rastatter Maurer, Steinhauer und Zimmerleute

Buch in Pappeinband. 1719 bis 1802. H. 30 cm, B. 21 cm

Das Zunftbuch verzeichnet die Ereignisse zwischen 1719 und 1802.

Rastatt, StA B-292

72 Aufding- und Lossprechbuch der Rastatter Küferzunft

Buch in Pappeinband. 1720 bis 1794. H. 22,7 cm, B. 17,5 cm

In dem Buch ist die Aufnahme (Aufdingung) der Lehrjungen sowie deren Losspre-chung nach der Lehre für den Zeitraum von 1720 bis 1794 festgehalten.

Rastatt, StA B-288

73 Zunftbuch der Rastatter Handelszunft

Buch in Pappeinband. 1720 bis 1801. H. 20 cm, B. 16 cm

Zunftbuch der Rastatter Kaufleute von 1720 bis 1801.

Rastatt, StA B-287

74 Meisterbuch der Rastatter Schlosser, Büchsen-, Uhr- und Windenmacher

Buch in Pappeinband. 1727 bis 1862. H. 20,5 cm, B. 16.7 cm

Die Einträge des Buches reichen von 1727 bis 1862.

Rastatt, StA B-298

75 Wetterfahne

Eisen. 18. Jahrhundert. Größte Länge 75,5 cm

Vielleicht ein Produkt der Rastatter Schlosser.

Rastatt, Heimatmuseum D, II, 2

76 Verordnung zum Besuch des Gottesdienstes

Papier, gedruckt. 12. Dezember 1719. H. 33 cm, B. 39,5 cm

Die Markgräfin befiehlt allen ihren Untertanen, den Gottesdienst regelmäßig zu besuchen; sie ordnet an, daß an Sonn- und Feiertagen während der Zeit des Gottes-dienstes die Wirtshäuser zu schließen hätten, und daß Spielen und Tanzen sowie der Verkauf von Fleisch während dieser Zeit zu unterlassen seien.

Literatur: Markgräfin Sibylla Augusta, Ausstellungs Karlsruhe, siehe unter ›Vitrine 5‹

GLA Zc 317

77 Privileg für den Druck eines Kalenders

Papier, gedruckt. 15. Januar 1717. H. 31,5 cm, B. 40,5 cm

Die Markgräfin erteilt dem Rastatter Hofbuchdrucker Frantz Georg Tusch und dessen Erben das Privileg, einen Kalender, den »so genannten Eylfertig=geschwind reithend=und lauffenden Kriegs= und Friedens=Botten/oder sehr curieusen und lesenswürdigen Schreibkalender« in der Markgrafschaft allein zu verlegen und zu vertreiben.

Literatur: vgl. Strobel

GLA Zc 317

78 Verordnung zur Aufhebung des Salzprivilegs

Papier, gedruckt. H. 32 cm, B. 39,8 m

Rastatt, StA C-63

Zur Bedeutung der Religion für Sibylla Augusta

Die Religion spielte im Leben Sibylla Augustas eine ganz zentrale Rolle. Schon früh muß sie in Schlackenwerth durch die Piaristen zu »aller Gottesforcht, Andacht und Auferbaulichkeit« angehalten worden sein – so wie sie es später als Regentin von den Patres desselben Ordens auch für die Schulerziehung in Rastatt forderte. Die Bescheidenheit und Demut, die ihre Frömmigkeit zeitlebens kennzeichneten, mochten auf dem Einfluß der Piaristen beruhen; beide Eigenschaften zeichneten diesen Orden aus. Sibylla Augusta dürfte jedoch auch den Eifer der in Böhmen besonders stark ausgeprägten Gegenreformation erfahren haben, denn als Landesregentin fiel es ihr nicht immer leicht, ihren protestantischen Untertanen in der Herrschaft Mahlberg und der vorderen Grafschaft Sponheim die ihnen zustehende Religionsfreiheit zu deren Zufriedenheit zu gewähren. Sie gestattete jedoch ihrem protestantischen Leibarzt Dr. Göckel, der schon Markgraf Ludwig Wilhelm betreut hatte, freie Religionsausübung im Schloß und verteidigte ihn gegen Angriffe des Mitvormundes Johann Wilhelm von der Pfalz und der Jesuiten, die den Protestanten nicht dulden wollten.

Der Jesuitenpater Joseph Meyer gewann zeitweise einigen Einfluß am Hof Sibylla Augustas. Er veranstaltete 1717 eine Bußprozession unter dem Leitsatz »poenitendum aut ardendum« (büßen oder brennen), an der Sibylla Augusta mit einer großen Menge sich geißelnder, Dornenkronen und Ketten tragender Menschen teilnahm. Sibylla Augusta wurde von ihm außerdem veranlaßt, kostbare Gemälde aus ihrem Familienbesitz zu verbrennen, wie Johann Georg Keyßler im Bericht über eine Reise überlieferte, die ihn 1729 auch nach Rastatt geführt hatte: »*Auf dem Schlosse zu Rastatt waren sonst viele kostbare Gemählde zu sehen, deren Anzahl aber sehr verringert worden durch den Eifer des Pater Meyer, der anfänglich viel bey der verwitweten Frau Markgräfin von Baden zu sagen hatte, und erst fiel, als das Ansehen des Cardinals S(chönborn) überhand nahm. Dieser Pater gieng so weit, daß er vor mehr als 50 000. fl. Gemählde, die ihm zu nackend oder verführerisch schienen, verbrennen ließ.*«[1]

---

1 Keyßler, Bd. I, S. 145.

Sibylla Augusta kann dem Jesuitenorden insgesamt jedoch nicht sehr nahegestanden haben, sonst hätte sie wohl kaum Piaristen aus Schlackenwerth für das Schulwesen in ihrer Residenzstadt berufen, sondern Patres der seit Mitte des 17. Jahrhunderts in der ehemaligen Residenzstadt Baden-Baden bestehenden Jesuitenschule nach Rastatt geholt.

Ihr engster Freund und Vertrauter wurde der 1719 zum Fürstbischof von Speyer ernannte Damian Hugo von Schönborn (Kat. Nr. 92). Er stand ihr nicht nur in geistlichen Dingen bei, sondern auch in allen Staatsangelegenheiten, ganz besonders bei den schwierigen Verhandlungen zur Verheiratung ihrer Kinder. Sein Einfluß auf Sibylla Augusta mäßigte den des religiösen Eiferers Meyer am Rastatter Hof. Zwischen Schönborn und Sibylla Augusta bestand ein enger, fast täglicher Briefwechsel; daneben suchte sie ihn öfter in seiner von Michael Ludwig Rohrer erbauten Eremitage in Waghäusel auf.

Mit Waghäusel war Sibylla Augusta durch Wallfahrten zu dem Marienbild in der dortigen Wallfahrtskirche eng verbunden. Sie wohnte dann als Gast bei den dort ansässigen Kapuzinern, die sie 1710 in ihren Orden aufnahmen und sie aller guten Werke des Ordens teilhaftig erklärten (Kat. Nr. 81). Ebenso wurde Sibylla Augusta 1710 vom Benediktinerstift in Maria Einsiedeln aufgenommen (Kat. Nr. 80), 1719 vom Piaristenorden in Rom (Kat. Nr. 79) und 1725 vom Kapuzinerorden in Freiburg i. Br. (Kat. Nr. 82), dem sie den Wiederaufbau des zerstörten Klosters ermöglicht hatte.

Neben Waghäusel war Bickesheim eines der Wallfahrtsziele Sibylla Augustas in ihrer näheren Umgebung. Gemeinsam noch mit ihrem Mann hatte sie auch Wallfahrten zu dem »wundertätigen Bildnuß« Marias in Triberg unternommen, dessen Wirken sie selbst in einer Denkschrift für das »Wallfahrtsbüchel« in Triberg festgehalten hat. Der Erbprinz Ludwig Georg soll dort von einer gefährlichen Krankheit errettet worden sein.

Sibylla Augustas bevorzugtes Wallfahrtsziel jedoch war das Marienbild der Einsiedeln Kapelle in der Schweiz. Sie suchte es insgesamt achtmal auf und holte es, indem sie für Schlackenwerth und Rastatt jeweils eine Nachbildung davon schaffen ließ, in ihre ständige Nähe.

Die Wallfahrten einer Fürstin waren natürlich begleitet von kostbaren Stiftungen. Die Wallfahrtskirche in Triberg besitzt noch heute ein großes silbernes Antipendium, dessen Medaillon in der Mitte den Erbprinzen Ludwig Georg kniend vor dem wundertätigen Marienbild zeigt[1]. Ludwig Wilhelm hat es kurz vor seinem Tode noch gestiftet. Nach Maria Einsie-

---

1 Barock i. Baden-Württemb., Kat. Nr. C 37, mit Abb.

deln stiftete Sibylla Augusta eine Vielzahl kostbarer Meßgewänder und Kirchengeräte sowie einen silbernen Altarvorsatz; eine der letzten Gaben vor ihrem Tode war ein überaus reiches Meßgewand aus blauem Samt mit silberbeschlagenen Ornamenten und einem Edelsteinbesatz von 581 Rubinen, 379 Smaragden und 128 Diamanten[1].

Auch ihre eigenen Kirchen stattete die Markgräfin mit kostbaren Gewändern und Gerät aus, einiges davon blieb erhalten. Ganz besonders bemühte sie sich darum, Reliquien für ihre Hofkirche zu erwerben, wobei Kardinal Schönborn ihr behilflich war. Von ihrer Romreise 1719 konnte sie neben anderen Reliquien ein Partikel des Kreuzes Christi für ihre dem Heiligen Kreuz geweihte Hofkirche mitbringen. (1718 war der Kirchenstiftung bereits die Gründung einer Bruderschaft zum Heiligen Kreuz vorausgegangen). Der gesamte Reliquienschatz wurde in der großen Kreuzprozession zur Einweihung der Heiligen Stiege feierlich in das Sanctuarium getragen. Der Kupferstich von dieser Prozession (Kat. Nr. 89) stellt die Reliquien im einzelnen dar: die Leiber der Heiligen Theodorus und Theodora (Nr. 14 und 18) – sie wurden später zum Hochaltar der Hofkirche verbracht, heute befinden sie sich zu Seiten des Eingangs –, »ein Stücklein aus der Saul (Geißelsäule) Christi« (Nr. 23), ein Stück des Marienschleiers, getragen vom Prälaten des Klosters Schwarzach (Nr. 26), die Kreuzreliquie, getragen vom Prälaten des Klosters Gengenbach (Nr. 27); neben weiteren genau aufgeführten Reliquien wurden auch drei »Pyramid(en) von unterschiedl(ichen) Reliquien« (Nr. 16, 20, 22) mitgeführt. Sibylla Augusta selbst befand sich mit ihren Kindern und den Hofdamen mitten im Zug (Nr. 31), sie ist in ihrer schwarzen Kleidung gut zu erkennen.

Die Markgräfin sorgte auch dafür, daß Reliquien des badischen Ahnherrn Markgraf Bernhard II. (1428/29 –1458) nach Rastatt gelangten. Dieser hatte sich bemüht, einen Kreuzzug gegen die 1453 in Konstantinopel eingefallenen Türken zu organisieren und war dabei auf einer Gesandtschaftsreise nach Rom in der piemontesischen Stadt Moncaglieri gestorben. Sein Grab war schon vor der erst 1769 erfolgten Seligsprechung stets von Pilgern verehrt worden. Sibylla Augusta beauftragte ihren Sohn August Georg, als er sich zu Studien in Italien aufhielt, in Moncaglieri Reliquien seines Vorfahren zu besorgen. (Kurz vor seinem Tode weihte August Georg dann 1771 die unter seiner Regierung wiederhergestellte »Alte Pfarrkirche« Markgraf Bernhard II. von Baden).

---

1 Weiland, S. 74.

Ihre zuletzt erbaute Kirche, die Kapelle im Ettlinger Schloß, weihte Sibylla Augusta dem böhmischen Heiligen Johannes von Nepomuk. Im Jahr 1393 war der im südböhmischen Pomuk geborene Johannes, Generalvikar der Erzdiözese Prag, auf Befehl König Wenzels IV. von der Steinernen Brücke in Prag in die Moldau gestürzt und ertränkt worden. Seiner Ermordung lagen machtpolitische Auseinandersetzungen zwischen König und Erzbischof zugrunde; der Legende zufolge starb er, weil er sich ein Beichtgeheimnis nicht abpressen ließ. Im Chorumgang des St. Veits-Domes in Prag beigesetzt, erfuhr er als Martyrer für das Beichtgeheimnis eine wachsende Verehrung, der 1721 seine Seligsprechung und 1729 schließlich seine Heiligsprechung folgte. Zu dieser Zeit war er längst zu einem der Landespatrone Böhmens aufgestiegen. In Prag war bereits 1696 eine Bruderschaft zu seiner Verehrung gegründet worden, und auf der Karlsbrücke stand seit 1693 sein Standbild, das zum Vorbild der zahllosen Brückenstatuen des Johannes von Nepomuk wurde.

Sibylla Augusta erhielt gleich nach der Heiligsprechung im Jahr 1729 Reliquien des böhmischen Heiligen für ihre Ettlinger Schloßkapelle. Das Bestätigungsschreiben Damian Hugo von Schönborns für die Schenkung der Reliquien blieb erhalten (Kat. Nr. 90); die Reliquien selbst sind verloren. Vor dem Hochaltar mit den Reliquien des Heiligen lag Sibylla Augusta nach ihrem Tod aufgebahrt, bis sie dann in einem Trauerzug nach Rastatt geleitet und in ihrer Schloßkirche beigesetzt wurde.

79 Aufnahme der Markgräfin in den Piaristenorden

Pergament. Aquarellfarben. 1 Siegel. Rom, 1. Juli 1719. H. 39,5 cm, B. 48,2 cm

Die Piaristen nehmen die Markgräfin und ihren Sohn Ludwig Georg in die Gemeinschaft ihres Ordens auf und machen sie aller guten Werke des Ordens teilhaftig.

Literatur: Sibylla Augusta, Ausstellung Ettlingen, Katalog Nr. 4

GLA 46/4064

80 Aufnahme der Markgräfin in die Gemeinschaft des Klosters Einsiedeln in der Schweiz

Pergament, goldverziert. 2 Siegel (Abt- und Konventssiegel). Einsiedeln, 31. März 1710. H. 42,2 cm, B. 61,5 cm

Die Benediktiner des Klosters Einsiedeln, des bevorzugten Wallfahrtszieles Sibylla Augustas, nehmen sie in ihre Gemeinschaft auf und erklären sie aller guten Werke des Ordens teilhaftig.

Literatur: Sibylla Augusta, Ausstellung Ettlingen, Katalog Nr. 3

GLA 46/4062

81 Aufnahme der Markgräfin in den Kapuzinerorden

Kupferstich mit handschriftlichen Eintragungen. 1 Siegel. 19. Oktober 1710. H. 27,7 cm, B. 40 cm (Blatt); H. 23,3 cm, B. 32,5 cm (Platte)

Die Kapuziner nehmen Sibylla Augusta und ihre Kinder in den Orden auf und erklären sie aller guten Werke teilhaftig.

GLA 46/4063

82 Aufnahme der Markgräfin in die Gemeinschaft der Karthäuser

Pergament. 1 Siegel. 1. Mai 1725. H. 42,5 cm, B. 48, 5 cm

Sibylla Augusta wird zum Dank für ihre Hilfe beim Wiederaufbau des kriegszerstörten Klosters in Freiburg i. Br. von den Karthäusern in deren Gemeinschaft aufgenommen und aller guten Werke des Ordens teilhaftig erklärt.

Literatur: Sibylla Augusta, Ausstellung Ettlingen, Katalog Nr. 5

GLA 46/4065

83 Reliquienschrein

Holz, besetzt mit Lapislazuli, Bergkristall, Elfenbein, Messing mit Zellenschmelz, bekrönt durch vier Figuren aus Elfenbein. Süddeutsch (?), Mitte bis zweite Hälfte 17. Jahrhundert. Größte H. 44,5 cm, B. 53 cm, T. 32,5 cm; Höhe der Figuren ca. 6,5 cm

Das aus der Rastatter Schloßkirche stammende Reliquiar birgt Knochenreliquien verschiedenster Heiliger. Die bekrönenden kleinen Elfenbeinfiguren an den vier Ecken verkörpern die vier Kardinaltugenden: Fortitudo (Stärke) mit einem Säulenschaft als Attribut, Patientia (Geduld) mit dem Lamm, Temperantia (Mäßigung) mit Krug und Kelch sowie Iustitia (Gerechtigkeit) mit dem Schwert.

Literatur: Steigelmann, Reliquienprozession, S. 67

Rastatt, Schloßkirche G 6474, Schulstiftung Baden-Württemberg

84 Gebetbuch Sibylla Augustas

Papier. Schwarzer Ledereinband. H. 9,7 cm, B. 15 cm

Sibylla Augusta hatte für jeden Tag ein Gebetbuch, das ausgestellte ist das für den Sonntag bestimmte.

Literatur: Markgräfin Sibylla Augusta, Ausstellung Karlsruhe, siehe unter ›Vitrine 8‹

GLA Hfk Hs 19

85 Brevier Sibylla Augustas

Papier. Brauner Ledereinband. H. 17 cm, B. 22 cm

Stundengebetbuch der Markgräfin mit eigenhändigen Tagesnotizen.

Literatur: Markgräfin Sibylla Augusta, Ausstellung Karlsruhe, siehe unter ›Vitrine 8‹

GLA Hfk Hs 15

86 Drei Kanontafeln aus der Schloßkirche

Pergament, Aquarellfarben, Spiegelglas, Rahmen Eiche, vergoldet, Glasfluß, Achat, Silber. Um 1723. H. 34,5 cm, B. 45 cm/25,5 cm

Wie die Inschrift in einer Kartusche am rechten unteren Rand der mittleren Tafel besagt, wurden die Tafeln eigenhändig von Sibylla Augustas ältestem Sohn Ludwig Georg geschrieben. Sie waren für die 1723 geweihte Hofpfarrkirche bestimmt.

Rastatt, Schloßkirche G 6535-37, Schulstiftung Baden-Württemberg

87 Deckelgefäß

Achat, Glassteine, Fassung Silber, vergoldet. Anfang 18. Jahrhundert. H. 37,5 cm

Das Achatgefäß gehörte ursprünglich sehr wahrscheinlich zum Bestand der markgräflichen Kunstkammer, es wurde wohl erst nach dem Tode Sibylla Augustas mit dem bekrönenden Kreuz versehen und in die Schloßkirche gestiftet.

Literatur: Barock in Baden-Württemberg, Katalog Nr. C 46, mit Abb.

Rastatt, Schloßkirche G 6462, Schulstiftung Baden-Württemberg

88 Christkind im Glasschrein

Wachs, Textilien, Glas, Holz. H. 64 cm, B 71 cm, T. 46,5 cm; Länge des Christkindes ca. 56 cm

Das naturalistisch gebildete, mit Seidenbrokat bekleidete Kind ruht auf einer grünen Seidenunterlage. An der Rückwand des Kastens hängt ein Christkindmantel, der mit einer geklöppelten Goldspitzenborte besetzt ist. Der Glasschrein besaß außen ursprünglich wohl noch einen Vorhang.

Rastatt, Schloßkirche G 6675, Schulstiftung Baden-Württemberg

89 Rastatter Reliquienprozession von 1720

Kupferstich, vermutlich von Anton Birckart. Beschriftet durch Zahlenverweise, Erläuterungen unten. Neudruck nach der alten Platte. H. 32,5 cm, B. 36,5 cm (Platte)

Der Kupferstich gibt die in Kreuzform verlaufende Prozession wieder, mit der im Januar 1720 zur Weihe der Heiligen Stiege und des Sanctuariums der gesamte Reliquienschatz in das Sanctuarium getragen wurde; Nr. 14 und 18 bezeichnen die Leiber der Heiligen Theodorus und Theodora, die sich heute in der Schloßkirche zu Seiten des Einganges in Gasschreinen befinden; Nr. 23 bezeichnet ein Stück aus der Geißelsäule Christi, das sich heute in dem Säulenstück auf dem Vorplatz des Sanctuariums befindet; Nr. 27 den Prälaten des Klosters Gengenbach mit der Kreuzreliquie; Nr. 30 den Weihbischof von Speyer mit der Blutsreliquie Christi; Nr. 31 die Markgräfin Sibylla Augusta mit ihren Kindern und den Hofdamen.

Literatur: Steigelmann, Reliquienprozession, 60ff., Abb. S. 60

Rastatt, StA K-102

90 Fürstbischof Damian Hugo von Schönborn bestätigt die Schenkung der Nepomukreliquien

Pergament. 1 Siegel. Bruchsal, 15. Mai 1733. H. 21,5 cm, B. 40 cm

Sibylla Augusta hatte 1729 von Kaiserin Elisabeth und dem Prager Erzbischof Ferdinand Reliquien des im gleichen Jahr heiliggesprochenen Johannes von Nepomuk erhalten. Damian Hugo von Schönborn bestätigt diese Schenkung.

Literatur: Sibylla Augusta, Ausstellung Ettlingen, Katalog Nr. 6

GLA 46/4066

91 Breve des Papstes Clemens XI.

Pergament. Rom 24. Mai 1720. H. 26 cm, B. 38,4 cm. – Aufbewahrt in einer bestickten Seidentasche.

Das Breve des Papstes für die Markgräfin betrifft die Unterwerfung der Gallikaner unter die Constitutio Unigenitus. Sibylla Augusta verwahrte es in einer bestickten seidenen Tasche.

Literatur: Markgräfin Sibylla Augusta, Ausstellung Karlsruhe, siehe unter ›Vitrine 8‹

GLA Hfk Hs 27

92 Fürstbischof Damian Hugo von Schönborn

Öl auf Leinwand. 18. Jahrhundert. H. 86 cm, B. 70 cm

Halbfiguriges Porträt des Fürstbischofs (1676–1743). Der 1719 zum Bischof von Speyer ernannte Kardinal Damian Hugo von Schönborn war Sibylla Augustas engster Berater und Vertrauter, der ihr in geistlichen Dingen wie auch in Staatsangelegenheiten beistand.

Freiburg, Privatbesitz

93 Kasel

Atlas mit Metall- und Seidenstickerei. 1. Viertel des 18. Jahrhunderts; (die Stickerei ist auf modernen Atlasstoff übertragen.) L. 106 cm, B. 70,5 cm

Die Kasel zeigt am unteren Rand in Emailmalerei das Allianzwappen Baden/Sachsen-Lauenburg.

Rastatt, Schloßkirche G 6710, Schulstiftung Baden-Württemberg

III Schüssel, Porzellan. China (?), 18. Jhd. – Kat. Nr. 98

Die Kunstsammlungen

Mit der Heirat des Markgrafen Ludwig Wilhelm von Baden und der sachsen-lauenburgischen Prinzessin Sibylla Augusta kamen 1691 zwei Kunstsammlungen zusammen, von denen die sachsen-lauenburgische die weitaus bedeutendere und umfangreichere war.

Ludwig Wilhelm hatte während seiner militärischen Laufbahn bis dahin weder Muße noch Gelegenheit gehabt, sich dem Sammeln von Kunstobjekten zu widmen; 1689 war überdies seine Residenz in Baden-Baden verwüstet worden. Im Jahr seiner Heirat erbte er jedoch eine größere Gemäldesammlung – vornehmlich niederländische und deutsche Meister des 17. Jahrhunderts – sowie zahlreiche türkische Kriegstrophäen von seinem Onkel, Markgraf Hermann von Baden. Er selbst brachte von seinen Kriegszügen gegen die Türken kostbare Beutestücke mit, die später zu einer »türkischen Kammer« vereinigt wurden.

11 Tasse, Porzellan mit Unterglasurblau und Schmelzfarben. China, 1723–35. – Kat. Nr. 99

Sibylla Augusta fiel bei der Erbteilung 1691 ein reicher Kunstbesitz zu. Ihr Großvater, Herzog Julius Heinrich, der Begründer des böhmischen Besitzes der Sachsen-Lauenburger, hatte eine reiche Kunstsammlung zusammengetragen; sie war in den Wirren des Dreißigjährigen Krieges günstig erworben worden. Julius Heinrich legte eine Kunst- und Wunderkammer an, wie sie für das 17. Jahrhundert typisch war. Kostbarkeiten der Kleinkunst und verschiedenste Kuriositäten waren darin zu einer bunten Sammlung all dessen vereint, was man als wissens- und staunenswert ansah. Rechnungen und Inventare geben uns über ihren Bestand Auskunft: sie enthielt Straußeneier, Kokosnüsse, seltene Hörner – wie

z. B. Rhinozeroshörner –, große Muscheln und Tintenfischgehäuse – alles kostbar in Gold gefaßt; daneben Spielautomaten und Kunstuhren, Modelle von mechanischen Konstruktionen, Arbeiten aus Muscheln und Korallen, Kristall- und Achatgefäße mit reichen Gold- und Silberfassungen, kunstvoll geschnitzte und gedrechselte Pokale und Kästchen aus Elfenbein, Kleinplastik aus Buchsbaumholz, Elfenbein, Bronze oder Edelmetall und vieles andere mehr.

Daneben hatte der Herzog eine wertvolle Gemäldesammlung begründet, die von Sibylla Augustas Vater Julius Franz noch erweitert wurde. Auch der reiche Silberbesitz – das Silber stammte zum Teil aus den eigenen böhmischen Minen – wuchs unter der Herrschaft von Julius Franz weiter an. Vor allem jedoch begeisterte sich Sibylla Augustas Vater für Glas, insbesondere für das seltene, leuchtend rote Rubinglas; in einem eigens dafür eingerichteten Laboratorium ließ er es selbst herstellen.

Von diesem reichen Familienschatz entfiel bei der Erbteilung 1691 die Hälfte auf Sibylla Augusta, die andere ging an ihre Schwester Anna Maria Franziska. 1693 wurden die Kunstsammlungen Sibylla Augustas und Ludwig Wilhelms durch einen Gemäldeankauf des Markgrafen auf Schloß Günzburg ergänzt. Diese Bilder waren wohl zur Ausstattung ihrer damaligen Residenz in Schlackenwerth bestimmt. Hier in Schlackenwerth war der gesamte Besitz des markgräflichen Paares versammelt, bis er dann Jahre später in das neue Residenzschloß nach Rastatt kam. Auch die Türkenbeute des Markgrafen wurde zunächst in Schlackenwerth aufbewahrt; sie gelangte erst 1721 nach Rastatt, als sein ältester Sohn Ludwig Georg heiratete und dort eine eigene Hofhaltung begründete.

Sibylla Augusta selbst sammelte vor allem Porzellan und Fayence, daneben liebte sie die farbenprächtigen Pietra-dura-Arbeiten aus Florenz. Mit solchen Einlegearbeiten aus Halbedelsteinen stattete sie in ihrem Sommerschloß Favorite einen ganzen Raum aus: das ursprünglich als Lackkabinett begonnene »Florentiner Zimmer«, dessen Prunkstück der heute noch dort erhaltene Florentiner Tisch mit seiner reich in Pietra-dura-Technik eingelegten Platte bildet (Tf. IV).

Sibylla Augustas Porzellansammlung füllte in der Favorite nicht nur ein Porzellankabinett, sondern schmückte viele der Räume. Da sich der Bestand ihrer Sammlung bis heute kaum verändert hat, bietet die Favorite ein hervorragendes Zeugnis für die damals bevorzugten Typen ostasiatischen Porzellans wie auch für die Frühzeit der Meißener Produktion und die Blütezeit europäischer Fayence.

IV   Das Florentiner Zimmer in Schloß Favorite

Chinesisches Porzellan bildet den Schwerpunkt der Sammlung: blau-weißes Prozellan aus der späten Ming-Periode (1368–1644), blau-weißes und mit Schmelzfarben bunt dekoriertes Porzellan aus der Zeit des Kaisers K'ang-hsi (1662–1722), daneben rein weißes Porzellan, blanc-de-Chine, aus der Provinz Fukien sowie braunes Steinzeug, teils mit farbiger Bemalung.

Die Markgräfin wählte ihre Stücke mit viel Kennerschaft aus. Ihre Kollektion enthält einige ganz herausragende Objekte und Unikate, so z. B. eine große Chia-ching-Schale der Ming-Zeit von außergewöhnlicher Qualität der Bemalung und Leuchtkraft der Farbe. Die Kostbarkeit einzelner

Stücke steigerte man noch durch Gold- und Silberfassungen oder durch Goldbemalung.

Besondere Freude scheint Sibylla Augusta an bizarren Gefäßformen gefunden zu haben, sie erwarb unter anderem zwei ungewöhnliche Kännchen in Form von Lotosfrüchten mit Schmelzfarbenmalerei in Gelb, Violett und Grün auf unglasiertem Scherben (émail sur biscuit). Von diesem mit leuchtenden Farben dekorierten Porzellan der K'ang-hsi-Zeit besaß sie eine größere Zahl an Vasen und Gefäßen.

Neben chinesischem sammelte die Markgräfin auch japanisches Porzellan: das vielfarbig bemalte Kakiemon-Porzellan wie auch das aus Arita stammende Imari-Porzellan mit seinem charakteristischen Farbklang aus Blau, Rot und Gold.

Darüber hinaus trug Sibylla Augusta eine größere Sammlung chinesischen Steinzeuges zusammen, die sie durch die ersten europäischen Nachahmungen aus Holland und Meißen ergänzte. In Meißen war es Johann Friedrich Böttger am Hofe des porzellanbegeisterten Kurfürsten August des Starken gelungen, 1707 zunächst das chinesische Steinzeug nachzuahmen und 1709 schließlich das Geheimnis des weißen Porzellans zu entdecken. Seitdem konnte in Europa, das bislang ausschließlich auf den Import aus Ostasien angewiesen war, selbst Porzellan hergestellt werden. Sibylla Augusta erwarb selbstverständlich auch Zeugnisse dieser frühesten europäischen Porzellanproduktion aus Meißen.

Daneben stattete sie die Favorite mit Fayencen aus, die sie hauptsächlich aus Delft, Frankfurt und Hanau bezog. Diese Vasen, Leuchter und Service imitieren mit ihrer blau-weißen Bemalung das begehrte chinesische Porzellan.

Die Ausstattung der Favorite blieb, ganz im Gegensatz zu Sibylla Augustas übrigen Kunstsammlungen, fast unberührt erhalten. Kurz vor ihrem Tode unterzeichnete die Markgräfin am 30. April 1733 ein Inventar ihres Kunstbesitzes, den sie als Fideikommiß ungeteilt und unverändert dem Hause Baden zu erhalten wünschte. Doch mit dem Aussterben der baden-badischen Linie zerfiel gerade dieser Besitz: Sibylla Augustas Sohn August Georg vermachte ihn Kaiserin Maria Theresia, die den »Sachsen-Lauenburgischen Schatz« 1775 in Offenburg versteigern ließ. Die übrige Kunstsammlung wurde von Rastatt nach Karlsruhe gebracht. Sie blieb dort zum Teil erhalten, in der Staatlichen Kunsthalle und dem Badischen Landesmuseum, außerdem in markgräflichem Besitz in Salem und Baden-Baden.

12 *Deckelvase, Porzellan. Japan, um 1700. – Kat. Nr. 94*

94 Deckelvase (Abb. 12)

Porzellan mit Unterglasurblau, Eisenrot und kalter Vergoldung. Japan, um 1700. H. mit Deckel 32,8 cm

Schloß Favorite G 3595, Staatliche Liegenschaftsverwaltung

95 Zwei Kannen mit Deckel

Porzellan mit Unterglasurblau und Schmelzfarben. Japan. Imari, um 1700. H. mit Deckel 14,3 cm

Schloß Favorite G 3583/3585, Staatliche Liegenschaftsverwaltung

96 Zwei Deckeltassen mit Untertassen

Porzellan mit Unterglasurblau und Schmelzfarben. Japan. Imari, um 1700. H. der Tassen mit Deckel ca. 10,8 cm, Durchmesser der Teller ca. 15,6 cm

Schloß Favorite G 3505-3508, Staatliche Liegenschaftsverwaltung

97 Deckeldose

Porzellan mit Unterglasurblau und Schmelzfarben. Japan. Imari, Anf. 18. Jahrhundert. H. mit Deckel 8,6 cm

Schloß Favorite G 3597, Staatliche Liegenschaftsverwaltung

98 Platte und Schüssel (Farbtafel III)

Porzellan mit Überglasurmalerei. China (?) 18. Jahrhundert. 38 cm × 27,5 cm; 33 cm × 27,8 cm

Schloß Favorite G 1870/1883, Staatliche Liegenschaftsverwaltung

99 Zwei Koppchen mit Untertassen (Abb. 11)

Porzellan mit Unterglasurblau und Schmelzfarben. China, 1723-1735. H. der Tassen ca. 5,8 cm; Durchmesser der Teller 12,9 cm

Schloß Favorite G 3565/3566, Staatliche Liegenschaftsverwaltung

100 Zwei Schalen

Porzellan mit Schmelzfarben. Japan, Anfang 18. Jahrhundert. H. ca. 4,8 cm

Schloß Favorite G 3551/3554, Staatliche Liegenschaftsverwaltung

101 Tulpenvase

Fayence, Scharffeuerbemalung. Delft, 1686-1701. H. mit Deckel 26,8 cm

Schloß Favorite G 2482, Staatliche Liegenschaftsverwaltung

102 Drei Koppchen und drei Unterschalen

Porzellan mit Unterglasurblau. China, K'ang-hsi (1662-1722).H. der Koppchen ca. 5 cm; Durchmesser der Schälchen ca. 13 cm

Schloß Favorite G 2899/2905/2916/2943/2944/2983, Staatliche Liegenschaftsverwaltung

103 Gemälde aus dem sachsen-lauenburgischen Erbe Sibylla Augustas im Besitz der Staatlichen Kunsthalle Karlsruhe

(Fotos: Staatliche Kunsthalle Karlsruhe)

Maria, das Kind anbetend, mit dem Johannesknaben. Lorenzo di Credi, um 1480

Literatur: Böhmen und Baden, Katalog Nr. 221. – Staatliche Kunsthalle Karlsruhe, Katalog alte Meister, Nr. 409

Maria mit dem Kinde. Lucas Cranach d. Ä., um 1518

Literatur: Türkenlouis-Katalog Nr. 296. – Staatliche Kunsthalle Karlsruhe, Katalog alte Meister, Nr. 108

Geburt Christi. Hans Baldung, gen. Grien, 1539

Literatur: Böhmen und Baden, Katalog Nr. 224. – Staatliche Kunsthalle Karlsruhe, Katalog alte Meister, Nr. 90

Ritter, Tod und Teufel. Hans Hoffmann (?) zugeschrieben (gest. 1591/92)

Literatur: Türkenlouis-Katalog Nr. 302. – Staatliche Kunsthalle Karlsruhe, Katalog alte Meister, Nr. 913

Maria als Mutter der Sieben Schmerzen. Südostdeutscher Meister, um 1520-30

Literatur: Staatliche Kunsthalle Karlsruhe, Katalog alte Meister, Nr. 1639

Urteil des Paris. Lucas Cranach d. Ä., 1530

Literatur: Türkenlouis-Katalog Nr. 295. – Staatliche Kunsthalle Karlsruhe, Katalog alte Meister, Nr. 109

Allegorie der gefesselt schlafenden Gerechtigkeit. Matthias Gerung, 1543

Literatur: Türkenlouis-Katalog Nr. 299. – Staatliche Kunsthalle Karlsruhe ,Katalog alte Meister, Nr. 105

Allegorie auf die irdische Vergänglichkeit. Südostdeutscher (?) Meister, 1547

Literatur: Türkenlouis-Katalog Nr. 300. – Staatliche Kunsthalle Karlsruhe, Katalog alte Meister, Nr. 126

Möglicherweise gehören dazu auch die folgenden:

Flucht der Heiligen Familie nach Ägypten. Deutscher Meister, 1. Drittel des 16. Jahrhunderts

Literatur: Staatliche Kunsthalle Karlsruhe, Katalog alte Meister, Nr. 1219

Maria mit dem Kind und Johannesknaben unter dem Apfelbaum. Lucas Cranach d. Ä., um 1535

Literatur: Türkenlouis-Katalog Nr. 298. – Staatliche Kunsthalle Karlsruhe, Katalog alte Meister, Nr. 123

Weibliche Heilige mit Schriftblatt. Lucas Cranach d. Ä., um 1520-22 (Fragment eines 1619/20 zerstörten Altarbildes aus dem Veitsdom in Prag)

Literatur: Türkenlouis-Katalog Nr. 297. – Staatliche Kunsthalle Karlsruhe, Katalog alte Meister, Nr. 118

Anbetung der Könige. Lucas Cranach d. Ä., Werkstatt, um 1520-30

Literatur: Staatliche Kunsthalle Karlsruhe, Katalog alte Meister, Nr. 812

Bildnis des Reformators Georg Spalatin. Lucas Cranach d. J., 1537

Literatur: Böhmen und Baden, Kat.-Nr. 226. – Staatliche Kunsthalle Karlsruhe, Katalog alte Meister, Nr. 941

Bildnis des Reformators Philipp Melanchthon. Lucas Cranach d. J., 1537

Literatur: Böhmen und Baden, Kat.-Nr. 225. – Staatliche Kunsthalle Karlsruhe, Katalog alte Meister, Nr. 940

Bildnis einer Frau mit Täufling. Monogrammist AC (sächsischer oder thüringischer Nachfolger Lucas Cranachs), 1567

Literatur: Türkenlouis-Katalog Nr. 301. – Staatliche Kunsthalle Karlsruhe, Katalog alte Meister, Nr. 127

Engel der Verkündigung und Maria der Verkündigung. Jacques Bellange, Anfang des 17. Jahrhunderts

Literatur: Staatliche Kunsthalle Karlsruhe, Katalog alte Meister, Nr. 2049, 2050

13 *Das chinesische Fest Sibylla Augustas aus dem Jahre 1729*

Feste am markgräflichen Hof

Zahlreiche kleinformatige Bilder in der Favorite zeugen von Kostümfesten am markgräflichen Hof, die noch zu Lebzeiten des Markgrafen Ludwig Wilhelm stattfanden. Sie zeigen den Markgrafen und Sibylla Augusta in phantasievollen und kostbaren Kostümen. So ist z. B. der Markgraf als Afrikaner mit hohem Kopfputz aus Federn zu sehen, in einem mit Steinen besetzten Gewand, dessen kurzer, weiter Rock mit einem Spitzensaum abschließt; als Ungar trägt er eine Husarenuniform mit umgehängtem Dolman und eine mit Reiherfedern bestückte, pelzbesetzte Mütze. Sibylla Augusta zeigt sich als Ungarin in einem Kleid mit geschnürtem Mieder, spitzenbesetzter Schürze und Dolman; als Jägerin erscheint sie in grünem Kostüm, begleitet von ihrem ebenfalls als Jäger verkleideten Sohn. (Vgl. auch Tf. V)

Die Piaristenpatres sorgten zusammen mit dem im gleichen Jahr wie sie aus Schlackenwerth nach Rastatt berufenen Hofkapellmeister Johann Caspar Ferdinand Fischer für allerlei Festaufführungen zu den Geburtstagen Sibylla Augustas und ihrer Kinder.

Erstmals wurde die Markgräfin an ihrem Geburtstag im Jahr 1717 mit

90

einem Singspiel überrascht, dessen Text von Pater Martinus, dem ersten Rektor der Piaristenschule stammte, und dessen Musik Caspar Ferdinand Fischer komponiert hatte. Die glanzvollste dieser Aufführungen, bei denen die Schüler der Piaristenschule im Chor mitgewirkt haben mochten, war sicherlich die im Juni 1718 zum Geburtstag des Erbprinzen dargebotene Oper »Meleagers Gelübdmässiges Ehren-Feuer-Opffer Zu Versöhnung Dianae«. Wie wir aus dem Tagebuch des Pater Martinus wissen, fand die zweieinhalbstündige Aufführung unter freiem Himmel statt und war von einem prachtvollen Feuerwerk begleitet.

Ein Fest ganz besonderer Art gab Sibylla Augusta am 11. Januar 1729 im Ettlinger Schloß, ihrem Witwensitz. Sie lud ihre Familie und einen kleinen Kreis ausgewählter Freunde, darunter auch Fürstbischof Damian Hugo von Schönborn, zu einem chinesischen Festessen, dessen phantasievolle Gestaltung uns ein (heute verschollenes) Kupferstichwerk anschaulich überliefert hat.

Der Augsburger Verleger Johann Christian Leopold hatte 1730 in einer Folge kolorierter Kupferstiche alles im einzelnen festgehalten: die exotische Dekoration des Raumes, die chinesisch kostümierte Kapelle und die reich gedeckte Tafel mit ihrem chinesischen Tafelschmuck und allen Speisen.

Sibylla Augusta servierte ihren Gästen gemästete Krametsvögel, die sie auf zwölf chinesischen Pagoden, jede getragen von einer sitzenden Chinesenfigur, präsentierte. Dazu gab es Sauerkraut auf vier pyramidenförmigen Tafelaufsätzen, um deren Ränder herum lachende Chinesenfiguren kauerten. Ein Schweinskopf war mit »unterschiedlich(en) Chinesische(n) Grotesquen« verziert, und »chinesische Glocken . . . von Porcellain« bedeckten verschiedene warme Speisen; daneben gab es »eine chinesische Pastette und andere, auf diese Lands-Art zugerichtete Speisse.«[1] Als Nachspeise stand Konfekt in verschiedensten phantastischen Schalen bereit.

Wie aus dem Vorspann zu dem Werk hervorgeht, ließ der Verleger Johann Christian Leopold die Tafeln nach Vorlagen, die ihm Sibylla Augusta zugesandt hatte, in Kupfer stechen und illuminieren, um das Fest *»der Curieusen Welt bekat zu machen, mithin derselben die ungemeinen Erfindung und nie gesehene raritaet zur Bewunderung vorzustellen. Dañ die Chinesisch und Japanische Kayser würden selber in vergnügteste Ent-*

---

1 Schulz, Augsburger Chinesereien, S. 80.

V *Sibylla Augusta und einer der Prinzen im Harlekinkostüm. Schloß Favorite*

*zückŭg gesezet werden, wã sie in einem so weit entfernten teutschen Pallast
ihrer Reiche vortrefflichste Seltenheiten so magnific und von einer so hohen
Hand so nett rangiret und concentriret erblicken solten«*[2].

2 ebenda, S. 80 f.

Literatur

Asam im Schloß Ettlingen. Ausstellungskatalog (Bearb.: Hanno Hafner u. a.), Ettlingen 1982 (Schriftenreihe der Museumsgesellschaft Ettlingen e. V., Bd. 18)

Barock in Baden-Württemberg. Vom Ende des Dreißigjährigen Krieges bis zur Französischen Revolution (Hrsg.: Badisches Landesmuseum Karlsruhe). Bd. 1 Ausstellungskatalog, Bd. 2 Aufsätze, Karlsruhe 1981

Linus Birchler, Einsiedeln und sein Architekt Bruder Caspar Mosbrugger, Augsburg 1924

Jan Diviš, Pražká Loreta, Prag 1972

Götz, Fehr, Prag. Stadt an der Moldau, München 1979

Fritz Fichtner, Der alte Bestand ostasiatischer Keramik im Schloß Favorite bei Rastatt. In: Ostasiatische Zeitschrift, NF 15/16, 1939/40, S. 129-147

Ulrike Grimm, Die Dekoration im Rastatter Schloß 1700-1771, Dissertation Karlsruhe 1978

Großherzogliches Gymnasium Rastatt. Fest-Schrift zur Jahrhundert-Feier 1808-1908 (Bearb.: C. F. Lederle), Rastatt 1908

August Großkinsky, »Fundatio Rastadiensis«. Aus den »Memorabilia« des Paters Martinus a Sancto Brunone. In: Humanitas. Blätter der Vereinigung der Freunde des Ludwig-Wilhelm-Gymnasiums Rastatt 7, 1965, S. 7-12

August Großkinsky, Das Rastatter Piaristenkolleg als Vorläufer des Ludwig-Wilhelm-Gymnasiums. In: Fundatio Rastadiensis. 1715-1965. 1742-1967. Festschrift aus Anlaß der Wiedereröffnung des erneuerten Schulgebäudes und der offiziellen Feier zum 250jährigen Bestehen der Schule (Schriftleitung: August Großkinsky), Rastatt 1967, S. 9-22

Klaus Häfner, Johann Caspar Ferdinand Fischer und die Rastatter Hofkapelle. In: Barock in Baden-Württemberg 2 (s. o.), S. 213-232

Joseph Harbrecht, Die Bühl-Stollhofener Linie. In: Bühler Blaue Hefte 9, 1961, S. 24-40

Fritz Hirsch, Rastatt. Schloß und Stadt I. Die Topographie, Heidelberg 1923

Wilhelm Höff, Sammlungen der Stadt Rastatt I, Rastatt 1907

Josef Hubatschek, Schlackenwerth. Die böhmische Heimat der Markgräfin Sibylla Augusta, Wendlingen 1972

Johannes von Nepomuk. Ausstellung anläßlich der 250. Wiederkehr der Seligsprechung des Johannes von Nepomuk, Passau 1971

Hans-Georg Kaack, Markgräfin Franziska Sibylla Augusta, Konstanz 1983

Johann Georg Keyßler, Neueste Reise durch Deutschland, Böhmen, Ungarn, die Schweitz, Italien und Lothringen, 2 Bde., Hannover 1740/41

Gerda Franziska Kircher, Markgräfin Sibylla Augustas »Scala Santa« im Rastatter Schloß. In: So weit der Turmberg grüßt 7, 1955, S. 96-113

Gerda Franziska Kircher, Die Einrichtung des Rastatter Schlosses im Jahr 1772. In: ZGO 103, 1955, S. 177-249

Gerda Franziska Kircher, Zähringer Bildnissammlung im Neuen Schloß zu Baden-Baden, Karlsruhe 1958

Die Kunstdenkmäler von Baden IX/3. Ehemaliger Amtsbezirk Ettlingen (Bearb.: E. Lacroix, P. Hirschfeld, W. Paeseler), Karlsruhe 1936

Die Kunstdenkmäler von Baden IX/5. Ehemaliger Amtsbezirk Karlsruhe Land (Bearb.: E. Lacroix, P. Hirschfeld, W. Paeseler), Karlsruhe 1937

Die Kunstdenkmäler Badens XI/1. Stadt Baden-Baden (Bearb.: E. Lacroix, P. Hirschfeld, H. Niester u. a.), Karlsruhe 1942

Staatliche Kunsthalle Karlsruhe. Katalog Alte Meister bis 1800 (Bearb.: Jan Lauts), Karlsruhe 1966 (Text- und Tafelbd.)

Karl Küpper, Die geschichtliche Bedeutung des Rastatter Friedens von 1714. In: Um Rhein und Murg 5, 1965, S. 97-129

Karl Lang, Die Ettlinger Linien und ihre Geschichte, Ettlingen 1975 (Beitr. z. Gesch. d. Stadt Ettlingen, Bd. 5)

Karl Lohmeyer, Beiträge zur Baugeschichte des Rastatter Schlosses. III. Die Berichte des Malers Franz Pfleger an die Markgräfin Sibylla Augusta von Baden über die Ausschmük-kung der Schloßkirche 1720/21. In: ZGO 68 (NF 29) 1914, S. 583-603

Günter Passavant, Studien über Domenico Egidio Rossi und seine baukünstlerische Tätig-keit innerhalb des süddeutschen und österreichischen Barock, Karlsruhe 1967

Gerhard Peters, Das Rastatter Schloß, Karlsruhe 1925

Ernst Petrasch, Die Geschichte der türkischen Trophäensammlung des Markgrafen Ludwig Wilhelm von Baden. In: ZGO 100 (NF 61), 1952, S. 566-691

Ernst Petrasch, Schloß Favorite. Amtlicher Führer, Karlsruhe 1981 (6. Auflage)

Ernst Petrasch, Das älteste deutsche »Porzellanschloß«. In: Baden-Württemberg 6, 1967, S. 6-17

Anna Maria Renner, Sibylla Augusta. Markgräfin von Baden, Stuttgart 1938 (1. Auflage), Karlsruhe 1976 (3. Auflage)

Anna Maria Renner, Baugeschichte des Rastatter Schlosses. In: ZGO 48, 1935, S. 557-579

Anna Maria Renner, Die Schloßkirche zu Rastatt und ihr Meister Michael Ludwig Rohrer, Karlsruhe 1936

Anna Maria Renner, Der Stadtplan von Rastatt und seine Entwicklung. In: Badische Heimat 24, 1937, S. 312-332

Anna Maria Renner, Die Kunstinventare der Markgrafen von Baden-Baden, Bühl 1941 (Betr. z. Gesch. des Oberrheins, Bd. 1)

Anna Maria Renner, Schloß Schlackenwerth, die Heimat der Markgräfin Sibylla Augusta von Baden. Nach dem Schloßinventar von 1685. In: ZGO 93 (NF 54), 1941, S. 503-572

Anna Maria Renner, St. Alexander in Rastatt. Festschrift zur 200. Wiederkehr der Kirchen-einweihung am 24. September 1964, Rastatt 1964

Dietrich Rentsch, Bedeutung und Restaurierung des großen Glaskronleuchters in Schloß Favorite. In: Jahrbuch der Staatlichen Kunstsammlungen in Baden-Württemberg 12, 1975, S. 119-132

Philipp Freiherr Röder von Diersburg, Kriegs- und Staatsschriften des Markgrafen Ludwig Wilhelm von Baden über den Spanischen Erbfolgekrieg 1700-1707, 2 Bde., Karlsruhe 1850

Marc Rosenberg, Die Kunstkammern im Großherzoglichen Residenzschlosse zu Karlsruhe, Karlsruhe 1892

Hans Detlev Rösiger, Durlach und Rastatt. Ein Beitrag zur Geschichte des Städtebaus in Deutschland, Karlsruhe 1924 (maschinenschriftl. Dissertation), Karlsruhe 1974 (Buchaus-gabe)

Hans Rott, Baden-Baden im 16. und 17. Jahrhundert und ein Wiederaufbauprojekt nach dem großen Brand von 1689. In: ZGO 80 (NF 41), 1928, S. 38-86

Johann Christian Sachs, Einleitung in die Geschichte der Markgrafschaft, Bd. 3, Karlsruhe 1769

Sachsen-Lauenburg, Böhmen und Baden. Katalog der Sonderausstellung anläßlich der 300. Wiederkehr des Geburtstages von Sibylla Augusta (Bearb.: Hans-Georg Kaack). Ratzeburg 1975 (Schriftenreihe des Heimatbundes und Geschichtsvereins Herzogtum Lauenburg, Bd. 18)

Max Schefold, Alte Ansichten aus Baden 2, Weißenhorn 1971

Aloys Schulte, Markgraf Ludwig Wilhelm von Baden und der Reichskrieg gegen Frankreich 1693-97, 2 Bde., Heidelberg 1901 (2. Auflage)

Walter Schulten, Die Heiligen Stiegen in Bonn, Wien und Prag. In: Beiträge zur rheinischen Kunstgeschichte und Denkmalpflege. Beiheft 16, S. 269-288, Düsseldorf 1970

Georg Wilhelm Schulz, Augsburger Chinesereien und ihre Verwendung in der Keramik. III. Die Chinesereien des Verlages Johann Christian Leopold. In: Das Schwäbische Museum, 1923, S. 77-88

Oskar Schürer, Prag, Wien 1935 (2. Auflage)

Sibylla Augusta. Ausstellung (Bearb.: Carl Albiker, Hubert Knauber). Ettlingen 1975 (Schriftenreihe der Museums-Gesellschaft Ettlingen e. V., Bd. 2)

Rudolf Sillib, Schloß Favorite und die Eremitagen der Markgräfin Franziska Sibylla Augusta von Baden-Baden, Heidelberg 1929 (2. Auflage)

Helmut Steigelmann, Dr. Christian Ludwig Göckel aus Nürnberg, der evangelische Leibarzt des Markgrafen Ludwig Wilhelm von Baden-Baden und seiner Gemahlin Franziska Sibylla Augusta. In: ZGO 99 (NF 60), 1951, S. 475-506

Helmut Steigelmann, Die Rastatter Reliquienprozession von 1720. In:»Seifenblasen«. Festschrift zum 125. Stiftungsfest (Hrsg.: Verband Alter Herren der Pennäler-Verbindung Teutonia 1842 zu Rastatt), Rastatt 1967, S. 59-80

Wolfgang Stopfel, Schloß Favorite. In: Heimatbuch Landkreis Rastatt 1983, S. 115-132

Wolfgang Stopfel, Sibylla Augusta als Bauherrin. In: Baden-Württemberg 1, 1983, S. 24-29

Rosemarie Stratmann, Ausstattung und Kirchenschatz der Rastatter Schloßkirche. In: Baden-Württemberg 1, 1983, S 32-34

Engelbert Strobel, Aus der Geschichte der Hofbuchdruckerei Rastatt 1717-1860. In: Heimatbuch Landkreis Rastatt 4, 1977, S. 116-146

Der Türkenlouis. Ausstellung zum 300. Geburtstag des Markgrafen Ludwig Wilhelm von Baden (Badisches Landesmuseum Karlsruhe), Karlsruhe 1955

Max Weber, Aus der Geschichte des Rastatter Piaristenkollegs 1715-1808. In: Humanitas. Blätter der Vereinigung der Freunde des Ludwig-Wilhelm-Gymnasiums 7, 1965, S. 14-27

Elisabeth Weiland, Markgräfin Franziska Sibylla Augusta von Baden-Baden. Ein Beitrag zur Geschichte eines fürstlichen Frauenlebens um die Wende des 17. Jahrhunderts, Freiburg i. Br. 1922 (maschinenschriftliche Dissertation)

Hans Leopold Zollner, Aus dem »Kunst-, Speiß-, Confitur- und Medicinal«-Buch der Markgräfin Sibylla Augusta. In: Heimatbuch Landkreis Rastatt 2, 1975, S. 95-108

Abkürzungsverzeichnis

B.	Breite
Bd.	Band
fol.	folio
GLA	Generallandesarchiv Karlsruhe
H.	Höhe
Hfk	Hausfideikommiß
Hs.	Handschrift
Kat. Nr.	Katalog-Nummer
NF	Neue Folge
StA	Stadtarchiv
ZGO	Zeitschrift für die Geschichte des Oberrheins

Fotonachweis

Karlsruhe

Badisches Landesmuseum: 11, 12, 13 (Repro aus: G. W. Schulz, Augsburger Chinesereien, in: Das Schwäbische Museum 1929, S. 77ff., Tf. I)
Generallandesarchiv: 1 – 10
Schaeffer Fotografik: III, IV, V

Rheinstetten-Forchheim

Foto-Jäger: I, II